KB042114

서구의 몰락

DER UNTERGANG DES ABENDLANDES.
UMRISSE EINER MORPHOLOGIE DER WELTGESCHICHTE

서구의 몰락

Der Untergang des Abendlandes.
Umrisse einer Morphologie der Weltgeschichte

오스발트 A. G. 슈펭글러 지음

양해림 옮김

책세상

일러두기

1. 이 책은 슈펭글러Oswald Arnold Gottfried Spengler의 《서구의 몰락Der Untergang des Abendlandes. Umrisse einer Morphologie der Weltgeschichte》(제1권 1918, 제2권 1922) 1918년 초판 머리말과 1922년 개정판 머리말, 제1권 서론을 옮긴 것이다.

2. Oswald Spengler, Der Untergang des Abendlandes. Umrisse einer Morphologie der Weltgeschichte, 6. Auflage(München : C. H. Beck'sche Buchdru-ckerei, 1980)을 번역 대본으로 삼았다.

3. 슈펭글러의 주는 '(저자주)'로 표시하고 옮긴이의 주는 '(옮긴이주)'로 표시했으며 모두 후주로 처리했다. 해제의 주는 모두 옮긴이의 주이므로 따로 표시하지 않았다.

4. 주요 인명은 처음 한 번에 한해 원어를 병기했다.

5. 단행본과 잡지는 《 》로, 논문이나 소론은 〈 〉로 표시했다.

6. 맞춤법과 외래어 표기는 1989년 3월 1일부터 시행된 〈한글 맞춤법 규정〉과 《문교부 편수자료》, 《표준국어대사전》(국립국어연구원, 1999)을 따랐다.

서구의 몰락 | 차례

들어가는 말 | 양해림 7

1918년 초판 제1권 머리말 13
1922년 개정판 머리말 17
제1권 서론 25

해제 — 서구 몰락의 예언자 슈펭글러 | 양해림 143

　　1. 고독하고 불우했던 독일 철학자 슈펭글러 145

　　2. 《서구의 몰락》은 어떤 배경에서 씌어졌나 148

　　　　(1) 정치적 배경 149
　　　　(2) 사회적 배경 150
　　　　(3) 문화적 배경 152

　　3. 《서구의 몰락》은 어떤 책인가 154

　　　　(1) 문화와 문명 154

　　　　　　ㄱ. 문화유기체론 154
　　　　　　ㄴ. 문화 이전 단계 159
　　　　　　ㄷ. 문화 초기 단계 160
　　　　　　ㄹ. 문화 후기 단계 162
　　　　　　ㅁ. 문화 마지막 단계 163
　　　　　　ㅂ. 세계사의 형태학 167
　　　　　　ㅅ. 문화의 주요 상징들 : 아폴론적, 파우스트적, 마고스적 문화 유형 170
　　　　　　ㅇ. 역사순환론 175

　　　　(2) 슈펭글러의 영향사 : 괴테와 니체를 중심으로 179

　　　　　　ㄱ. 역사 이해 방법론 : 형태학적 방법론 179

ㄴ. 자연과 역사로서의 세계 185

ㄷ. 문화의 내적 동기 : 운명 이념 189

4. 《서구의 몰락》은 후대 철학에 어떤 영향을 주었나 193

5. 오늘날 다시 읽어야 할 《서구의 몰락》 197

주 202

더 읽어야 할 자료들 220

옮긴이에 대하여 224

오스발트 슈펭글러Oswald Arnold Gottfried Spengler의《서구의 몰락Der Untergang des Abendlandes. Umrisse einer Morphologie der Weltgeschichte》(1918~1922)은 두 권의 방대한 분량으로 이루어진 문명 비판서다. 이 책은 철학, 세계사, 문학, 음악·미술·건축을 비롯한 예술, 수학을 포함한 자연과학 등 다양한 분야에 걸쳐 해박한 지식을 바탕으로 쓰여졌다. 슈펭글러는 이 책을 1911년에 쓰기 시작해서 1914년에 탈고했으나 1차 세계대전이 일어나 출판이 지연되다가 1918년에야 빛을 보게 되었다. 1차 세계대전 이후 독일에서 가장 격렬한 학문적 논쟁을 불러일으켰다고 전해지는 이 책은 대중적으로도 명성이 자자했는데 초판으로 1,500부를 찍고 이후 8년간 판매 부수가 10만 부에 달했다.

슈펭글러는 1911년에 뮌헨에서 제2차 모로코 사건을 목격하고 독일과 프랑스가 틀림없이 충돌할 것이라 직감하면서 현대의 위기 상황을 고찰한 대작《서구의 몰락》을 집필하게 되었다. 당시의 정치 현상과 앞으로 전개될 정치 현상에 대해 광범위한 지평에서 고찰하고자 했던 슈펭글러에게 세계대전은 역사적 위기의 절박하고도 불가피한 외적 형태로 보였다. 그가 추구한 것은 지금까지 여러 세기의 연대기적 역사를 다루는 일이 아니라 세기의 정신을 고찰해 대전大戰의 진정한 원인을 이해하는 일이었다.

슈펭글러는《서구의 몰락》에서 모든 문화는 문화 이전 단계, 초기 문화 단계, 후기 문화 단계, 그리고 문명 단계를 거치며 진행된다고 보았다. 즉 그가 말하는 서양 문화의 몰락은 단순한 몰락이 아니라 새로운 문화로 이행해나가는 징조로 볼 수 있다. 그에 의하면 각 문화는 살아 있는 생명체와 같이 출생, 성장, 성숙, 쇠퇴라는 일정한 변화 과정을 밟는 유기체다. 그는 문화와 생물 유기체가 서로 비슷한 점이 있다고 이야기하면서 문화유기체론을 펼쳤다. 그에 따르면 인간의 역사는 봄, 여름, 가을, 겨울의 네 단계를 거치면서 무르익을 대로 무르익으면 사멸, 몰락에 이른다.

또한 그는 통일적 세계사 개념을 부정하고 역사적 상대주의 입장을 취했다. 세계사에 나타난 대표적인 문화로는 이집트, 바빌로니아, 인도, 중국, 고대 그리스와 로마, 아랍, 멕시코, 서구가 있는데, 이들은 모두 1,000년을 기점으로 한 수명을 견디어왔다. 슈펭글러는 이 가운데 각각 고립되고 서로 영향 받지 않은 8개 문화를 거론했는데 문화를 하나의 유기체로 본 만큼, 모든 유기체가 성장하고 번영하고 몰락하듯이 이 모든 문화도 몰락한다고 결론지었다. 또한 그는 세계사의 형태학이라는 방법을 통해 문화의 불가피한 붕괴를 문명으로의 이행 과정으로 보았다. 그리고 이 이행이 19세기에 이루어졌다면서 서구 사회의 몰락을 예언하기에 이르렀다.

이 같은 슈펭글러의 역사관은 19세기 발전사관을 부정하는 데서 성립했다. 발전사관을 수용할 경우에 서양 문화는 고대 문화가 발전한 것이 된다. 즉 고대 문화가 발전해서 중세 문화가 되고 중세 문화가 발전해서 근대 문화가 되었다는 이야기다. 이는 다분히 일직선적 진보에 대한 믿음을 가졌던 서양 근대 계몽사상가들의 영향을 받은 것으로 서구 중심적인 문화에서만 가능한 시각이다. 슈펭글러는 고대-중세-근대라는 구분이야말로 낡은 시대 구분이라고 단호히 말하며 이를 전적으로 배격한다. 이러한 시대 구분은 서양의 역사를 기준으로 설정된 것으로서 서양을 축으로 세계사 전체를 보는 편견에서 비롯한 것이라고 그는 말한다. 슈펭글러는 이런 서구 중심적 사유를 배격하면서 21세기라는 문화다원주의 시대에 여전히 생동감 있는 힘을 실어준다. 타 문화들의 차이를 인정하지 않고 타 문화들을 획일적·등질적인 것으로 간주한다면 이는 문화제국주의나 다름없다. 타 문화에 대한 포용과 존중, 다른 삶의 방식에 대한 포용과 존중은 너무나 당연한 것이다. 다른 사회, 다른 문화와의 차이를 포용한다는 것은 서로 다른 존재 방식들의 가치를 똑같이 존중한다는 것을 뜻한다. 동등한 가치의 포용이란 타 문화의 정체성을 인정하는 것이다. 하지만 서로 다른 성별, 종족, 종교, 문화, 정치, 경제 속에 우연하게 처해 있다는 사실만으로 모든 문화가 같은 것일 수는 없다. 따라서 문화 각각의 차이를 사회적으로 어떻게 활용해 포용할 것이며 그 문제점들을 어떻게 해결해나갈 것인지를 신중히 모색해야 할 것이다.

슈펭글러가 역사를 보는 새로운 방법은 본질적으로 고대-중세-근대라는 우리에게 익숙한 전통적 시대 구분을 배격한다. 그 대신에 문화와 문명의 비교 연구를 시도해 색다른 읽을거리를 제공한다. 그는 당시의 모든 철학자들을 질타하며 강력하게 이의를 제기했다. 철학자들에게는 현실 생활에 대한 결정적인 입장이 결여되어 있었다. 그는 당시의 독일 철학자들 가운데 차원 높은 정치, 근대 공업, 교통, 국민 경제의 발전 현실에 대해 어떤 행위나 군건한 사상만으로 결정적인 영향을 끼친 자가 없다고 단언했다. 그리고 어떤 철학자도 수학, 물리학, 국가학에 칸트Immanuel Kant만큼도 관여하지 않았다고 말했다. 그는 이러한 상황이 무엇을 의미하는지 다른 시대를 통해 알 수 있다고 보았다. 그는 그 당시 중대한 시대 문제에 대해 깊은 선견지명을 가지고 판단을 내려 명성을 떨친 철학자가 있는지 주위를 둘러보았지만 헛수고였다고 회고한다. 철학자들은 단지 누구나 갖고 있는 의견밖에 내지 않았다는 것이다.

슈펭글러는 근대 사상가의 책을 손에 들 때마다 해당 저자가 세계 정책의 현실에 대해, 그리고 세계도시, 자본주의, 국가의 장래, 기술과 문명의 종말 관계, 러시아 문제, 과학 등 중대한 문제에 대해 어떤 생각을 하고 있는지 의문을 품었다. 그 결과 그는 괴테Johann Wolfgang von Goethe라면 이러한 문제들을 모두 이해하고 좋아했을 테지만 유감스럽게도 현존하는 철학자 가운데 이것들을 폭넓게 다루는 사람은 한 사람도 없다는 것을 알게 되었다. 그래서 슈펭글러는《서구의 몰락》서본에서 자신이 니체Friedrich Wilhelm Nietzsche의 철학적 이념을 전수했으나 괴테의 형태학적 방법도 수용했다고 밝힌다. 니체는 슈펭글러가 삶의 외적 형태에 그를 복사했다는 의미에서 슈펭글러의 모델이었다고 할 수 있다. 슈펭글러의 근본 사상은 오히려 불가피한 운명을 자기 몸에 받아들여 꿋꿋이 살아가고자 하는 영웅적 페시미즘이며, 그 점에서 니체와 깊은 관련이 있다. 무엇보다 슈펭글러는 니체의 저서에서 철학적 내용만을 살피지 않고 그것의 내적 필연성이나 상징적 중요성의 명백한 징후를 눈여겨보았다.

슈펭글러는 이 외에도 서문에서 지금까지 철학자들이 학문해온 자세를 거침없이 비판했다. 그의 이러한 발언은 단지 철학자들의 학문하는 태도를 비판하는 수준을 넘어선다. 나아가 철학뿐만 아니라 다양한 영역에 걸쳐 자신의 입장을 상세하고 단호하게 주장한다. 인문학의 위기, 이공계의 위기가 도래했다는 이야기가 여기저기서 들려오는 21세기 한국 사회에서는 이러한 원인을 외부로 돌리기에 앞서, 슈펭글러가 지적한 것처럼 식자들의 내적 반성이 먼저 이루어져야 할 것이다. 자성 없이 학문 위기의 원인을 외부에서만 찾을 경우 더 많은 위기만을 낳게 되지 않을까. 이러한 맥락에서 슈펭글러의 일침은 여전히 우리 사회에 시사하는 바가 크다.

슈펭글러의《서구의 몰락》에 담긴 지식의 폭은 광대하나 여기에 번역된 부분은 그것의 서론일 뿐이다. 따라서 독자는 슈펭글러의 일부분에만 접근하게 되겠지만 적어도 그의 사상이 지닌 방대한 스케치를 발견할 수 있을 것이다. 오역에 대한 책임은 전적으로 옮긴이의 몫이며, 독자들의 질책을 겸허히 수용해 향후 보완해나갈 것을 약속드린다.

옮긴이 양해림

머리말

3년간의 결실인 이 책은 1차 세계대전 발발 당시에 초고가 완성되어 있었다. 그리고 1917년 봄까지 다시 한번 퇴고하고 세부적으로 보충하고 명료화했다. 그러나 출판에 대해 말하자면 어떤 특별한 관계가 이를 다시 지체시켰다.

　이 책은 일반 역사철학을 다루고 있지만 보다 깊은 의미에서 하나의 긴 시대에 대한 주석이 되고 있으며, 이 책의 주요 관념은 이 긴 시대의 징후Vorzeichen 아래에서 형성되었다. 표제는 1912년 이래 확정되어 있었으며, 그 말의 가장 엄밀한 의미에서, 또 고대 그리스·로마의 몰락에 대한 고찰을 통해서 수세기에 걸친 세계사의 국면──우리는 현재 그 국면의 시작에 놓여 있다──을 함축하고 있다.

　이 책의 많은 부분이 정당하다는 것은 여러 사건들을 통해 확증되었으며 반박할 점은 아무것도 없다. 이러한 사상들이 오늘, 지금, 게다가 독일에서 등장해야만 했다는 것, 그러나 1차 세계대전조차 새로운 세계상의 궁극적 특징을 규정지을 만한 전체의 일부였다는 것, 이것은 명확한 사실이다. 왜냐하면 확신하건대 이 책의 사상들은 다른 철학처럼 단지 논리적으로 승인된 하나의 가능한 철학이 아니라 어느 정도 자연스럽게 모든 사람에 의해 암암리에 예감된 시대의 철학이기 때문이다. 이것은 자만심 없이 얘기되어야 할 것이다. 역사적으로 필연적인 사상, 즉 하나의 기원에서 우연히 일어나는 것이 아니라 스스로 기원이 되는 사상은 단지 한정된 의미에서만 그 저자의 소유가 된다. 그 사상은 시대 전체에 속한다. 그것은 모든 사람의 사상에 무의식적으로 영향을 미치며, 우연적인 사적 태도——이것 없이는 어떠한 철학도 존재하지 않는다——만이 개인적 약점 및 장점과 함께하는 그 개인의 운명——그리고 행복——인 것이다.

나는 단지 하나의 소망을 덧붙이고 싶다. 그것은 이 책이 독일의 군사적인 공적 때문에 가치 없는 것이 되지 않았으면 하는 것이다.

1917년 12월 뮌헨에서
오스발트 슈펭글러

1922년 개정판

머리말

내가 처음에 기획했던 짤막한 초안에서 전혀 예상치 못한 방대한 전체 작품이 완성되기까지 10년의 세월이 걸렸는데, 이 책을 끝마치면서 완성본을 보며 내가 이 책을 어떻게 착상하게 되었는지, 그리고 지금은 이 책에 대해 어떻게 생각하고 있는지를 돌아보는 것이 적절하리라 생각한다.

1918년판——외적으로나 내적으로나 하나의 단편에 불과했던——의 서론에서 나는 "확신하건대 이 사상이 여기서 일단 입 밖으로 표현되면 곧 아무도 이에 대해 이의를 제기할 수 없게 될 것이다"라고 말했다. 하지만 그때 '이 책을 이해하는 한'이라고 덧붙였어야 했다. 왜냐하면 내가 통찰하면 할수록, 이 경우뿐만이 아니라 일반 사상사에서도, 이 책을 이해하기 위해서는 그것을 이해할 수 있는 천부적 재능을 가지고 태어난 새로운 세대가 필요하다는 것을 점점 더 확실히 알게 되었기 때문이다.

나는 덧붙여서 "이 책은 최초의 시도가 언제나 그렇듯이 그에 따른 모든 결점을 안고 있고 불완전하며 확실히 내적 모순을 갖고 있을 수밖에 없다"라고 서술했다. 이 말은 내가 의도했던 것만큼 그렇게 진지하게 받아들여지지 않았다. 살아 있는 사상의 전제를 심도 있게 연구할 때는 현존재의 근본 원리를 모순 없이 통찰하는 일이 우리에게 불가능하다는 것을 누구나 알게 될 것이다. 사상가란 자신의 직관과 이해를 통해 시대를 상징적으로 나타내도록 규정된 사람을 일컫는다. 사상가에게는 어떤 선택도 없다. 사상가는 생각해야만 하기 때문에 생각하는 것이다. 그리고 궁극적으로 사상가에게는 자신에 의해 자신의 세계상으로 태어난 것이 진리다. 이는 그가 만들어내는 것이 아니라 오히려 그가 자기 내면에서 발견하는 것이다. 바꾸어 말하면 이것은 그 자신이고 언어로 표현된 그의 본질이며, 학설로 형성된 그의 인격의 의의이자 일생 동안 변화가 없는 것이다. 왜냐하면 이 진리는 그의 생명과 동일한 것이기 때문이다. 이 상징적인 것만이 필연이고 인간 역사의 그릇이며 표현이다. 학자의 철학적 논문으로서 생겨난 것은 넘쳐흐르며 전문 문헌의 숫자만을 늘릴 뿐이다.

그래서 나는 내 자신이 발견한 것의 핵심을 그냥 진리라고 말해도 좋다고 생각한다. 내게 진리임은 물론이며, 또한 내가 믿건대 미래 세대의 지도적인 지성에게도 진리다. 이것은 진리 그 자체, 즉 피와 역사의 여러 조건들에서 동떨어진 진리가 아니다. 왜냐하면 그와 같은 것은 존재하지 않기 때문이다. 그러나 내가 수년간의 격동기를 거쳐오며 쓴 것은 내 눈앞에 분명히 나타난 것을 전하기는 하지만 매우 불완전한 것이었다. 그리고 표현된 문장을 바로잡고 사실을 정리하여 내 사상을 되도록 일관된 형태로 만드는 것은 다가올 날들의 과제로 남겨졌다.

이 과제는 결코 완성되지 않으리라――생명 자체를 완성하는 것은 죽음뿐이다. 그러나 나는 가장 오래된 부분에서조차 오늘날 내가 원하는 정도까지 서술의 명확도를 다시 한번 높이려고 시도했다. 그리고 이로써 희망과 실망, 장점과 단점을 지닌 이 저작에 작별을 고했다.

그동안의 결과는 나에게 정당함을 증명해주었다. 그리고 이 책이 점차 학문 분야에 광범위하게 영향을 미치기 시작한 것으로 미루어 판단해본다면 이 책은 다른 사람들에게도 정당함을 입증해주고 있다. 따라서 그만큼 더 엄밀히 내가 이 책에서 나에게 설정한 한계를 강조하지 않으면 안 된다. 이 책에서 모든 것을 구하려고 해서는 안 된다. 이 책은 내가 눈앞에서 보는 것의 일면만을, 즉 역사에 대한 새로운 견해와 운명의 철학만을 포함하고 있다. 게다가 이 책은 이런 부류의 책으로는 최초의 것이다. 이 책은 철저히 직관적이며, 대상과의 관계를 개념의 순서로 표현하는 대신에 그것을 구체적으로 모사模寫하려는 하나의 언어로 쓰인 것이다. 이 책은 오직 언어의 울림과 모습을 있는 그대로 체득할 수 있는 독자들에게 호소한다. 이렇게 하는 것은 어려운 일이다. 우리는 흔히 개념적인 해부가 깊은 통찰이라고 생각하는데, 비밀에 대한 외경——괴테의 외경——이 이러한 통찰을 방해하는 경우에는 특히 더 어려운 일이 된다.

이 때문에 비관론이라는 외침이 일어나고, 영원히 어제에 머물러 있는 사람은 오직 내일의 선구자를 위해서만 정해진 사상들을 모두 이 비관론으로 뒤쫓는다. 이런 상황에서 나는 행위의 본질에 대한 논의도 하나의 행위라고 심사숙고하는 그런 사람들을 위해 서술한 것이 아니다. 정의定義를 내리는 사람들은 운명을 잘 모른다.

세계를 이해한다는 것은 곧 내가 세계를 지배한다는 것이다. 본질적인 것은 인생의 엄숙함이며, 관념론의 허공에 뜬 새와 같은 철학Vogel-Straß-Philosophie에서 가르치는 생명의 개념이 아니다. 개념으로 방어할 수 없는 사람은 그 사상을 비관론으로 느끼지 않으며 그 이외의 사상은 문제 삼지 않는다. 정의를 추구하는 대신 생명의 관점에서 진지한 독자를 위해 나는 본문의 너무 압축적인 형식을 고려해 약간의 저술을 주에서 언급해두었다. 이 저작들은 우리의 관점을 넓은 범위의 지식으로 이끌어줄 것이다.

끝으로 내가 거의 전부를 빚지고 있다고 할 수 있을 만큼 큰 빚을 지고 있는 사람들의 이름을 다시 한번 언급해야겠다. 괴테와 니체가 그들이다. 나는 괴테에게서 방법을 배웠고 니체에게서 질문을 설정Fragestellungen하는 문제를 얻었다. 나와 니체의 관계를 의례적으로 말한다면 나는 그의 원망遠望을 하나의 개관槪觀으로 만든 셈이다. 그런데 괴테는 전반적인 사고방식에서 자신도 모르게 라이프니츠Gottfried Wilhelm Leibniz의 제자가 되어 있었다. 마지막으로, 그래서 나는 내 수중에 생긴 놀라움을 수년간의 비참한 생활과 혐오에도 불구하고 긍지로 삼고자 하는 것, 즉 '하나의 독일 철학'으로 느끼고 있다.

1922년 12월 하르츠의 블랑켄부르크에서
오스발트 슈펭글러

제1권

서론

1

이 책은 역사를 사전에 규정하려는 시도를 처음 행하고 있
다. 게다가 이 책은 지구상에서 오늘날 완성되고 있는 유일
한 문화, 즉 서유럽·아메리카 문화의 운명이 앞으로 밟아가
야 할 과정에서 추구하려는 바를 다루려 한다. 물론 이 같은
커다란 문제를 해결할 수 있는지의 여부도 오늘에 이르기까
지 고찰된 적이 없다. 고찰된 적이 있다 하더라도 이 문제를
다루는 방법이 인정되지 않았거나 충분하지 않았다.

역사의 논리라는 것이 존재할까? 완전히 우연적인 무수한
개개의 결과와 다르게 민중적·지적·정치적으로 분명히 눈에
드러나는 표면상의 형성물과는 전혀 관계를 갖지 않는 것,
이른바 역사적 인류의 형이상학적 구조라 이름 붙여도 되
는 것이 존재할까? 우연적인 수많은 개개의 사건 이외의 것
이 존재할까? 그것이야말로 이차적인 이 현실을 불러일으키

는 것이 아닐까? 세계사의 커다란 특징은, 어떤 결론을 허용하는 하나의 모습을 띠고서 이해력을 지닌 안목을 갖고 언제나 되풀이하여 나타나는 것일까? 그렇다면 이와 같은 추론의 한계는 어디일까? 세계사는 생명 그 자체로 가능한가? 인간의 역사가 커다란 생명 과정의 총화이고, 그 생명 과정 속에 나와 개인으로서 고대·중국 문화나 근대의 문명처럼 고차원적으로 진행되는 절차 과정이 이미 언어를 허용하는 관점에 따라 무의식중에 개인을 생각하거나 행동으로 도입되고 있으니 말이다. 게다가 예외를 허용치 않고 순서를 밟아가는 매 단계를 발견할 수 있을까? 출생, 죽음, 청춘, 노년, 수명 등과 같은 모든 유기체에 대한 기초적인 개념이 이 분야에서도 아직 아무도 해명하지 못한 엄밀한 의미를 지니고 있을까? 요약해 말하자면 전기적傳記的 원형이 모든 역사적인 것의 기초가 되고 있을까?

서구의 몰락은 우리가 목격한 것처럼 우선적으로 이에 해당하는 고대 그리스·로마의 몰락과 마찬가지로 공간적으로나 시간적으로 범위가 한정된 현상이지만, 동시에 하나의 철학적인 주제이기도 하다. 이 주제는 모든 것에 걸쳐 우리가 그 주제의 중요성을 이해할 때 존재의 거대한 모든 문제를 그 안에 포함하게 된다.

서양 문화의 운명이 어떤 형태로 완성되는지를 경험하려면 먼저 문화란 무엇인지, 문화가 구체적인 역사나 생활이나 정신이나 자연이나 지능과 어떤 관계가 있는지, 그리고 이 형식들——국민, 언어와 기원, 전쟁과 사상, 국가와 신들, 예술과 작품, 법률, 경제와 세계관, 위대한 인물과 큰 사건——이 어느 정도까지 상징으로 그리고 그 자체로 해석되어야 하는지를 인식해야 한다.

2

죽은 형태를 인식하는 방법은 수학적 법칙이다. 살아 있는 형태를 이해하는 방법은 유추다. 이 방식에 의해 세계의 양극성과 주기성이 구별된다.

세계사의 출현 형태는 수적으로 한정되어 있으며 시대, 신기원, 위치, 인물이 일정한 유형으로 되풀이된다는 생각은 항상 존재해왔다. 우리는 카이사르Gaius Julius Caesar와 알렉산드로스Alexandros를 곁눈질하지 않고는 나폴레옹Napoléon Bonaparte의 출현을 거의 다룰 수 없다. 뒤에서 살펴보겠지만 이 비교에서 전자는 형태학적으로 허용되기 어렵더라도 후자는 정당하다. 나폴레옹은 자신의 위치와 샤를마뉴Charlemagne 대제의 위치가 비슷하다는 것을 알고 있었다. 프랑스 국민 의회가 카르타고를 말할 때 그것은 영국을 의미했다. 그리고 자코뱅 당원들은 스스로를 로마인이라 일컬었다. 각기 아주 다른 이유를 근거로 하여 피렌체는 아테네와, 원시 기독교는 근대 사회주의와, 카이사르 시대의 로마 부호는 양키의 그것과 비교되었다.

최초의 열정적인 고고학자——고고학은 그 자체로 역사가 되풀이된다는 감정의 표현이다——페트라르카Francesco Petrarca는 자신을 키케로Marcus Tullius Cicero와 연관시켰다. 또 최근에는 남아프리카 건설자인 영국의 세실 로즈Cecil John Rhodes가 자신을 위해 만들어진 번역본《고대 그리스·로마 황제전》을 서재에 보관해두고 자신을 하드리아누스 황제Publius Aelius Hadrianus에 비유했다. 스웨덴 왕 카를 12세의 숙명은 젊어서부터 퀸투스 쿠르티우스 루푸스Quintus Curtius Rufus의《알렉산드로스전》을 호주머니에 넣고 다니면서 이 정복자를 모방하는 것이었다.

프리드리히 대왕Friedrich II은 자신의 정치적인 각서——이를테면 1738년의 고찰——에서 세계정세에 대한 견해를 표현함에 있어서 정당한 유추를 행하고 있다. 즉 그는 프랑스인을 필리포스 치하의 마케도니아인에 비유하고 독일인을 그리스인에 비유했다. "이미 독일의 테르모필레[1]인 알자스 로트링겐[2]은 필리프의 수중에 있다"라고 말하면서. 이로써 그는 추기경 플뢰리André-Hercule de Fleury[3]의 정책을 탁월하게 증명했다. 또 그는 각서에서 합스부르크가와 부르봉가의 정책을 비교하거나 안토니우스Marcus Antonius 추방 정책과

옥타비아누스Gaius Octavianus 추방 정책을 비교했다. 그러나 이런 비교는 모두 단편적이고 자의적인 것이며, 좀 더 깊은 역사적 형식의 감정에 의한 것이라기보다는 오히려 시적으로 재치 있게 표현하려는 일시적인 경향에 의해 이루어진 것이다.

예술가다운 비교의 대가 랑케Leopold von Ranke[4]의 비교, 즉 키악사레스Cyaxares[5]와 하인리히Heinrich 1세의 비교, 킴메르인의 침입과 마자르인의 침입의 비교는 형태적으로는 무의미하다. 수없이 되풀이된, 그리스 도시국가와 르네상스 시대의 여러 공화국과의 비교도 마찬가지다. 그와 반대로 알키비아데스Alkibiades[6]와 나폴레옹의 비교에는 보다 깊은 우연적인 정당성이 있다. 이런 비교는 랑케나 다른 사람의 경우처럼 플루타르코스적인, 이른바 통속적으로 낭만적인 취미에서 묘사된 것이고, 이런 취미는 유독 세계무대 위에서 벌어진 장면들의 유사성만을 눈여겨본다. 그것은 세속의 눈에는 외형적인 차이밖에 보이지 않는 두 개 군群의 미분 방정식 사이에서 내적인 친밀성을 인식하는 수학자의 엄밀함과는 전혀 다르다.

우리는 기분에 근거한 이러한 비교의 선택이 이념이나 필연성의 감정에 의해 규정되지 않는다는 것을 곧 깨닫게 된다. 우리는 어떤 비교 기술에서도 멀리 떨어져 있다. 오늘날 비교가 보편적으로 이루어지고 있지만 무계획적이며 비교 대상 간에 어떤 관련성도 없다. 그리고 비교가 확정되어야 할 어떤 깊은 의미에서 적합한 것이라면, 그것은 요행이나 본능에 힘입은 것이지 그 원리 덕분은 아니다. 게다가 비교에서 하나의 방법을 설정한다는 것은 지금까지 어떤 누구도 생각한 적이 없다.

여기서 어떤 토대, 게다가 유일한 토대가 있고, 그 토대에서 역사 문제가 커다란 해결을 이룰 수 있다고는 생각할 수도 없는 일이다. 비교는 유기적인 역사 구조를 적나라하게 보여줄 때 역사적 사고에 행운이 된다고 할 수 있다. 비교의 기술은 광범위한 이념의 영향 속에서 당연히 피할 수 없는 필연이 되고, 논리적으로 정교하게까지 구성되었음이 틀림없다. 비교는 이제까지 불행이었다. 왜냐하면 비교가 단순한 취미의 일로 생각된 탓에 역사가는 역사의 형태어 분석을 가장 곤란한 임무이자 부차적인 임무로 간주했음은 물론이고, 오늘날에는 결코 이해되지 못하며 더욱이 해결될 수 없는 임무로 보고 있기 때문이다. 비교는, 예컨대 카이사르를 로마 국가 신문의 창시자로 보는 것과 같은 경우, 혹은 외적으로는 더 열악하게 전개되고 내적으로는 우리에게 아주 낯선 고대 그리스·로마적인 현존재의 현상에 오늘날의 유행어인 사회주의, 인상주의, 자본주의 등의 말을 붙이는 경우, 부분적으로는 피상적이 되고 또 부분적으로는 자코뱅 클럽에서 행해졌던 브루투스 숭배——과두 정치적인 헌법의 공론가空論

家로서 귀족적인 원로원의 갈채를 받고 민주주의 인사를 죽인 저 백만장자 고리대금업자 브루투스——와 같이 기묘하게 비합리적인 것이 되었다.

3

원래 현대 문명의 한정된 문제만을 포함하던 과제가 하나의 새로운 철학으로 확대되고 미래의 철학이 될 수 있다. 즉 형이상학적으로 메마른 서구의 토양에서 철학은 그렇게 탄생할 수 있다. 이 철학은 적어도 다음 단계에서 서양 정신이 도달할 가능성이 있는 유일한 철학, 즉 세계사의 형태학, 역사로서의 세계라는 이념에 속한다. 그것은 지금까지 철학의 거의 유일한 주제였던 자연의 형태학과는 대립되는데, 세계의 모든 모습과 움직임을 다시 한번 가장 깊고 궁극적인 의미에서, 그렇지만 전혀 다른 서열 속에서, 모든 것이 인식된 전체상으로서가 아니라 오히려 생명이라는 하나의 상으로서, 그리고 형성된 상으로서가 아니라 생성된 것의 상으로서 파악하는 것이다.

대립된 것들에서 나오는 역사로서의 세계는 자연으로서의 세계를 이해하고 관찰하고 형성한다——이는 지상의 인간적인 현존재가 보여주는 새로운 하나의 모습이다. 또한 지상의 인간 존재가 보여주는 새로운 양상이다. 이것을 인간의 실천적이고 이론적인 커다란 의미에서 만들어내는 일은 오늘날까지 과제로서 인식되지 않았다. 이러한 일은 희미하게 느껴지기도 하고 종종 멀리서 인지되기도 했지만 결코 연속적으로 이루어진 적은 없었다. 여기에는 인간이 주위 세계를 내적으로 소유하고 체험할 수 있는 두 가지 방법이 제시되어 있다. 나는 실체를 아주 첨예하게 따르지 않고 형식에 따라 유기적인 세계 인상과 기계적인 세계 인상을 구별하고, 형태의 전체와 법칙의 전체를 구별하고, 상像과 상징을 법식과 체계와 구별하고, 다만 한 번은 실현할 수 있는 것과 끊임없이 실현 가능한 것을 구별하고, 계획적으로 순서가 정해진 상상력의 목표와 목적에 합당하게 분해된 경험의 목표를 구별하고, 아직 한 번도 인정된 적이 없는 매우 의미 깊은 대립을 여기에서 거론한다면 연대年代적인 수의 타당성 영역과 수학적인 수의 타당성 영역을 구별한다.[7]

따라서 제시된 연구에서는, 매일같이 표면상으로 나타나는 정신적·정치적 부류의 사건을 그대로 받아들여 그것을 '원인'과 '결과'에 따라 순서에 맞게 배열하고, 또 그것을 오성적 이해가 가능하도록 추구하는 것은 문제가 되지 않는다. 역사를 이처럼 실용주의적으로 취급하는 것은 위장된 자연과학의 단편에 불과하다. 그래서 유물사관의 신봉자는 자연과학을 숨기지 않는 데 반해 유물사관의 반대자는 그 두 가지 절차가 동일하다는 것을 충분히 알지 못한다. 중요한 것은 역사 자체의 구체적인 사실이 어느 시기의 현상에 속해 있느냐가 아니라 어느 시기의 현상이 역사 그 자체의 구체적인 사실을 의미하고 암시하느냐는 것이다. 어느 한 기원의 정치적 의미를 설명하기 위해 종교적·사회적, 그리고 필요한 경우에 예술사적인 상세한 내용을 인용하는 것은 쓸데없는 일이라고 현대의 역사가들은 믿고 있다.

그러나 그들은 구체적인 역사는 표현이고 징후이며 형식을 갖춘 정신인 한 결정적인 것임에도 이 점을 잊고 있다.

나는 모든 문화 분야의 형식 언어를 내적으로 결합하는 형태적 근친 관계의 연구를 진지하게 고찰한 사람, 정치적 사실의 영역을 넘어 헬라스인, 아라비아인, 인도인, 서유럽인의 심오한 수학 사상, 그들의 초기 장식술의 의미, 그들의 건축·형이상학·연극·서정시 등의 근본 형식의 의미, 그들의 위대한 예술의 선택과 방향, 그들의 예술적 기교와 소재 선택의 상세한 내용을 철저히 알고 있는 사람, 나아가 그것들이 역사적 사실의 형식 문제에 대해 갖는 결정적인 의미를 인정한 사람을 전혀 발견하지 못했다. 미분微分과 루이 14세 시대의 역동적인 국가 원리 사이에, 폴리스와 고대 그리스·로마의 국가 형식과 유클리드 기하학 사이에, 서양 유화의 공간원근법과 궤도 사이에, 전화와 원거리 무기에 의한 공간 정복 사이에, 대위법적 악기와 경계적인 신용 제도 사이에 깊은 형식상의 관계가 있음을 누가 알겠는가? 이런 관점에서 보면 정치의 하잘것없는 사실조차 상징적이고 형이상학적인 특징을 띠고 있다. 그리고 이집트의 행정 체계, 고대 그리스·로마의 화폐 제도, 해석기하학, 수표, 수에즈 운하, 중국의 서적 인쇄, 프로이센 군대, 로마의 도로 건설 등이 동일하게 상징으로 파악되고 해석되는 것은 아마도 이 책이 처음일 것이다.

이런 관점에서 역사적인 고찰에 대해 이론적으로 규명된 기술이 아직 존재하지 않았음이 분명하다. 우리가 역사적 고찰이라 부르는 것은 거의 모든 인식의 방법이 엄밀히 완성되어 있는 지식의 영역, 즉 물리학에서 고찰 방법을 끌어내고 있다. 물리학에서는 우리가 원인과 결과의 대상적인 관계를 추구하다 보면 역사 연구를 수행하고 있다고 믿게 된다. 유행 지난 철학이 인간적 이해를 통해 도달한 각성과 주변 세계 사이에서 관계의 다른 가능성을 결코 생각하지 못했다는 점은 놀랄 만한 사실이다. 칸트는 자신의 주저에서 인식의 형식적인 규칙을 확정했지만 오성 작용의 대상으로서 자연만을 고찰했다. 그리고 이러한 사실은 칸트 자신이나 다른 어느 누구도 알아차리지 못했다. 그에게 지식이란 수학적인 지식을 말한다. 그는 직관의 선천적인 형식과 오성의 범주에 대해 말하고 있으나 역사적인 인상이라는 전혀 다른 성질의 이해에 대해서는 생각하지 않았다. 그리고 칸트의 범주 가운데서 인과의 범주만을 현저히 중요시했던 쇼펜하우어Arthur Schopenhauer는 역사를 경멸한다는 듯 그저 언급만 하고 있다.8 생명에는 원인과 결과의 필연성——나는 이것을 공간의 논리라 부르고 싶다——이외에 운명의 유기적 필연성——시간의 논리——이 있다는 것, 이것은 내적으로 가장 깊게 확신할 수 있는 사실이다. 이 사실은 신비적·종교적·예술적 사상 전반에 걸쳐 가득 차 있으며 자연에 대립되는 모든 역사의 본질과 핵심을 형성하지만《순수이성 비판Kritik der reinen Vernunft》이 탐구하는 인식 형성에는 접근하지 못한다. 이 사실은 이론적 공식화 영역에서는 아직 알려져 있지 않다. 갈릴레이Galileo Galilei가《황금 계량자Saggiatore》라는 책에서 말하듯이 철학은 자연이라는 커다란 책자 속에 "수학적인 언어로 씌어Scritta in lingua matematica" 있다. 그러나 우리는 오늘날에도 여전히 역사가 어떤 언어로 쓰이고 그것을 어떻게 읽을 것인지에 대해 철학자의 답변을 기대하고 있다.

수학과 인과율은 현상의 자연적인 질서로 진행되고 연대학과 운명의 관념은 현상의 역사적 질서로 진행된다. 이 두 가지 질서는 각각 자기 안에 모든 세계를 포괄하고 있다. 다만 이 세계를 현실화하는 안목이 다를 뿐이다.

4

자연이란 형태인데, 그 안에서 고도의 문화적 인간이 자기 감정의 직접적인 인상을 통일하고 의미를 부여하는 그런 형태다. 역사도 형태다. 인간의 상상력이 인간의 생명과 관련해 세계의 살아 있는 현존재를 이해하고자 하며, 이로써 인간의 현존재에 자기 생활에 깊숙이 파고드는 현실을 부여하려는 그런 형태다. 인간이 이런 형태를 형성할 수 있을 것인지, 그리고 이러한 형태 가운데 어느 것이 인간의 각성된 의식을 지배할 것인지 하는 것은 모두 인간 실존의 근본 문제다.

여기에 인간이 세계를 구성하는 두 가지 가능성이 있다. 세계의 구성이 필연적으로 현실은 아니라는 점은 이미 앞에서 서술했다. 따라서 그 다음으로 모든 역사의 의미를 묻자면, 먼저 지금까지 제기된 적이 없는 의문을 해결해야 한다. 역사는 누구를 위해 존재하는가? 이것은 역설적인 질문처럼 여겨진다. 어떤 인간이든 그의 현존재와 각성의 전부로서 역사의 일부인 한 역사는 의심할 여지없이 개개인 모두를 위한 것이다. 그러나 누군가가 자기의 생명을 수백 년 또는 수천 년에 미치는 아주 커다란 생명 과정 내부의 한 요소라는 불변의 인상하에 살아가고 있는 것과, 자기 생명을 그 자체로 완성되고 고립된 것으로 느끼는 것은 엄청나게 다르다. 물론 후자처럼 느끼는 존재 부류에게는 세계사가 존재하지 않으며 역사로서의 세계도 존재하지 않는다. 그러나 문화 전체가 모든 국민의 자기의식에 근거를 두고 있다면, 그리고 문화 전체가 이 무역사적인 정신에 근거를 두고 있다면 어떻게 되는가? 현실은 이에 대해 어떻게 나타나야 할까? 세계는? 생명은? '고대 그리스인'의 세계의식에서는 일체의 체험이 특수한 개인적인 것일 뿐만 아니라, 일반적인 과거도 곧 무시간적으로 움직이지 않는, 신화적으로 형성된 그때그때의 순간적인 현재를 배경으로 변화된 것이다. 고대 그리스인의 세계의식에서는 알렉산드로스 대왕의 역사가 고대 그리스·로마적인 감정과 관련해 이미 그가 태어나기 전부터 디오니소스 전설과 뒤섞이기 시작하고, 또 카이사르는 자기가 비너스의 자손임을 조금도 불합리한 것으로 여기지 않는다. 그래서 서양인은 시간적 간격에 대한 감각을 강하게 갖고 있으며, 이러한 점에서 볼 때 그리스도의 탄생을 전후로 해를 헤아리는 것은 당연한 일이고, 또한 그러한 정신적 상태를 추체험追體驗하는 것이 거의 불가능해졌다고 말하지 않을 수 없다. 그러나 우리는 역사 문제와 관련해서는 고대 그리스·로마의 이런 사실을 단순히 무시해버릴 권리가 없다.

일기와 자서전이 개인과 갖는 관계는 외국 민족, 시대, 인류 등에 대한 모든 종류의 심리적 비교·분석을 포함해 아주 광범위한 역사 연구가 문화 전체의 정신에 대해 가지는 관계와 같다. 그러나 고대 그리스·로마 문화는 이러한 특수한 의미에서 역사적 기관으로서의 기억을 갖고 있지 않다. 고대 그리스·로마인의 기억──이 경우 물론 우리는 자기 정신의 상에서 유래한 개념을 그대로 미지의 정신에 적용하고 있다──은 전혀 다른 것이다. 왜냐하면 고대 그리스·로마인의 기억에서는 각성의 순서를 바르게 배열하는 관점으로서의 과거와 미래가 결핍되어 있기 때문이고, 우리에게 전혀 알려져 있지 않은 힘으로 그 기억을 가득 채우고 있는 것은 괴테가 고대 그리스·로마 생활의 모든 표현물에서, 무엇보다 조소에서 몇 번이나 감탄한 바 있는 '순수 현재'이기 때문이다. 이 순수 현재의 가장 위대한 상징은 도리스 양식의 기둥이며, 이 기둥은 사실상 시간(즉 방향)의 부정을 나타내고 있다. 헤로도토스Herodotos[9]와 소포클레스Sophocles와 관련해서도, 테미스토클레스Themistocles와 로마의 한 집정관과 관련해서도 과거는 양극성적兩極性的이고 주기적이 아닌 구조로 이루어진, 무시간적으로 정지하고 있는 어떤 인상──왜냐하면 이 인상이 철저히 정신화된 신화 형성의 마지막 의미이기 때문이다──속으로 발산되어버린다. 반면에 우리의 세계 감정, 내적 안목과 관련해서 과거란 주기적으로 분명히 형성되어 있고 일정한 목적을 갖고 있는, 수백 년 또는 수천 년에 이르는 하나의 유기체다. 그러나 이러한 배경은 고대 그리스·로마의 생활이든 서양의 생활이든 각 생활에 특유의 색깔을 부여한다. 그리스인이 코스모스라고 이름 붙인 것은 생성된 세계가 아니라 존재하는 세계의 상이었다. 따라서 그리스인은 결코 생성된 인간이 아니고 항상 존재하는 인간이었다.

그리하여 고대 그리스·로마인은 바빌론 문화, 무엇보다 이집트 문화의 정확한 연대학이나 달력의 계산법을 잘 알고 있었고, 또 별을 대규모로 관찰하거나 광대한 시간 간격을 정확하게 측정해 영원에 대한 감정과 현재 순간의 무의미함에 대한 감정도 잘 알고 있었지만 그중 어느 것도 내적으로 자기 것으로 삼지 않았다. 때때로 철학자들이 그러한 것들에 대해 언급하는 일이 있었지만 그들도 단지 듣고 있을 뿐 시험해보는 것은 아니었다. 그리고 히파르코스Hipparchos나 아리스타르코스Aristarchos of Samos 같은 소수의 훌륭한 학자들이 아시아적인 그리스의 여러 도시에서 발견한 것들은 스토아학파나 아리스토텔레스학파의 정신적인 경향에 의해 배척되었고 아주 좁은 전문 과학 이외의 것은 거의 주목을 받지 못했다. 플라톤Paton과 아리스토텔레스Aristoteles도 천체 관측소를 갖고 있지 않았다. 페리클레스가 만년에 이른 시절에 아테네에서 어떤 법령이 반포되었는데, 이 법령에 의해 천문학 이론을 유포한 자는 누구나 에이상겔리아Eisangelia라는 가혹한 고발을 당했다. 이것은 상징적 의미가 강한 법령이었는데 모든 의미에서 먼 것을 자신의 세계의식에서 추방하려는 고대 그리스·로마 정신의 의지를 표현했다.

고대 그리스·로마의 역사 서술과 관련해서 우리는 투키디데스Thucydides[10]를 주목해야 한다. 이 인물의 탁월함은 현재의 사건을 스스로 이해하고 체험하려는 순수한 고대 그리스·로마적 힘에 있다. 여기에다 그 자신이 장군이자 관리였기 때문에 천부적인 정치가로서 훌륭한 사실적 안목도 갖고 있었다. 이 실제적 경험이란 유감스럽게도 흔히 역사 감각과 혼동되지만 그 경험이 바로 그를 역사를 기술하는 평범한 학자와는 비견될 수 없는 모범으로 만들었다.

　그러나 그에게는 우리가 당연히 역사가의 개념에 집어넣는, 수백 년에 걸친 역사에 대한 원근법적 안목이 완전히 닫혀 있다. 고대 그리스·로마 시대의 뛰어난 역사 서술 작품은 모두 저자의 정치적 현재에 한정되어 있고, 이것은 우리의 역사적 걸작이 예외 없이 먼 과거를 취급하는 것과는 상당히 다르다. 투키디데스는 일반적인 그리스사 또는 이집트사는 말할 것도 없이 페르시아 전쟁이라는 주제에서도 이미 실패했을 것이다. 실천적 정치가인 폴리비오스Polybios나 타키투스Publius Co-rnelius Tacitus와 마찬가지로 그는, 심한 경우 불과 수십 년 전의 과거에서도 자신의 실천에는 잘 알려져 있지 않은 형태의 원동력을 만나게 되면 곧 그 확고한 안목을 잃어버린다. 폴리비오스[11]에게는 1차 포에니 전쟁이, 타키투스에게는 아우구스투스Augustus가 더 이상 이해되지 못한다. 그리고 투키디데스의 전혀 역사적이지 않은——우리의 원근법적 연구가 관측한──의미는 그의 저서 제1권 제1쪽에 나오는, 자기 시대(400년경!) 이전에는 세계에서 의미 있는 사건이 일어나지 않았다는 놀라운 주장과도 상통한다.[12] 따라서 페르시아 전쟁까지의 고대 그리스·로마사는 전승된 과제를 기초로 하여 훨씬 이후의 시기에 생겨난, 근본적으로 신화적인 사고의 산물이다. 스파르타의 헌법사는 헬레니즘 시대의 시詩이고, 리쿠르고스Lykurgos는 그의 생애가 상세히 이야기되긴 했지만 추측건대 타이게토스의 별 의미 없는 숲의 신이었을 것이다. 그리고 한니발 이전의 로마사를 창작하는 것은 카이사르 시대에도 여전히 중단되지 않았다. 브루투스에 의해 타르퀴니우스 수페르부스Lucius Tarquinius Superbus가 추방되었다는 것은 동시대 인물인 감찰관 아피우스 클라우디우스Appius Claudius(기원전 310년)를 모델 삼아 한 이야기였다. 로마 왕들의 이름은 그 당시 부유했던 플레브스 가문들의 이름을 따서 만들어졌다(노이만K. J. Neumann). '세르비우스 헌법'은 차치하더라도 그 유명한 기원전 367년 리키니우스의 농업법도 한니발 시대에는 아직 존재하지 않았다(니제 B. Niese). 에파미논다스Epaminondas는 메세니아인과 아르카디아인을 해방시키고 그들에게 하나의 국가를 세워주었으며, 그들은 곧 자신들의 초기 역사를 만들었다. 놀라운 것은 이러한 역사가 만들어졌다는 점이 아니라 다른 종류의 역사가 거의 없었다는 점이다.

우리가 역사적인 모든 것에 대한 서양의 역사 감각과 고대 그리스·로마의 역사 감각의 대립을 잘 나타낸 것으로는, 카이사르 시대에 알려져 있던 250년 이전의 로마사가 근본적으로 위조물이었고 우리가 확정한 몇몇 사건이 후기 로마인은 전혀 알지 못했다는 것 이상은 없다.

알렉산드로스 시대의 소설 문학이 재료와 관련해 진지한 정치적·종교적 역사 연구에 강한 영향을 미쳤다는 것은 고대 그리스·로마가 가졌던 역사라는 단어의 의미를 밝혀준다. 우리는 이러한 문학적 내용을 기록된 사실과 구분한다는 것을 전혀 생각하지 못했다. 공화정 말기에 바로Marcus Terentius Varro는 국민 의식에서 급속히 사라져가는 로마 종교를 고착시키기 위해 국가가 주도면밀하게 제례를 올리던 신들을 '확실한 신들di certi'과 '불확실한 신들di incerti'로 나누었다. 즉 사람들이 여전히 알고 있는 신들과 공적인 의례가 계속되는데도 이름만 남아 있는 신들이 그러하다. 사실 당시의 로마 사회의 종교——괴테뿐만 아니라 니체까지도 악의 없이 순진하게 로마 시인들에게 받아들인 종교——는 대부분 헬레니즘 문학의 산물이었고 거의 아무도 이해할 수 없었던 오랜 의례와는 어떤 연관도 없었다.

몸젠Theoder Mommsen[13]은 로마의 역사가로서——타키투스를 특별히 염두에 두고 있었다——"침묵하는 것이 당연하게 여겨지는 것을 말하고 반드시 말해야만 하는 것을 침묵하는" 사람이라고 말했으나, 이것은 명백히 서구의 입장을 표현한 것이다. 인도 문화의 브라만적인 열반(니르바나)에 관한 이념은 완전한 무역사적인 정신을 결정적으로 표현했고, 어떤 의미에서도 '언제'에 대한 감정을 조금도 지니고 있지 않았다. 순수한 인도 천문학도 없고 인도의 달력도 없으며 우리가 의식적인 발전의 지적인 응결물이라고 이해할 수 있는 한에서의 인도사라는 것도 없다. 이러한 문화의 가시적 진행은 불교의 발생으로 유기적인 부분이 단절되었고, 우리는 기원전 12세기에서 기원후 8세기 동안의 역사적인 큰 사건들로 분명 가득 차 있는 고대 그리스·로마사에 대해 알지 못한다는 것 이상으로는 알지 못하다. 양자는 단지 꿈같은 신화적 형태를 확고하게 굳혀나갔다. 석가모니 사후 1,000년이 지난 서기 500년을 경과했을 무렵, 처음으로 실론에서 미미하게 역사적 기술을 연상시키는 것, 즉《대사Mahavamsa》에서 무엇인가가 발생했다.

인도인의 세계의식이 무역사적으로 이루어졌다는 이야기는 한 저자가 쓴 책이 시간적으로 확정된 사건으로서의 출현을 한 번도 인정하지 않았음을 말한다. 개인적으로만 한정된 저작의 유기적인 계열 대신에 각자 내키는 대로 써넣은 막연한 한 덩어리의 글귀가 점차 생겨났다. 그리고 개인이 원하는 것, 개인의 지적인 소유라든가 사유의 전개라든가 지적 기원 같은 개념들이 어떤 역할도 하지 못했다. 이러한 익명의 형태에서──세계의식은 인도사의 전반적인 형태다──우리는 인도 철학을 제시하고 있다. 우리는 이것을 관상학적으로, 서적과 개인에 의해 이루어졌으며 아주 세밀하고 정교하게 만들어진 서양의 철학사와 비교한다.

인도적 인간은 모든 것을 잊는다. 이집트적 인간은 어떤 것도 잊지 못한다. 인도에는 초상화 예술──이것이 전기傳記의 핵심이다──이 없다. 이집트의 조소는 초상화 이외의 다른 주제를 알지 못한다.

이집트 정신은 아주 뛰어난 역사적 특징을 지니고 있고 태초의 세계적인 정열을 지닌 채 무한을 향해 돌진하며 거기서 과거와 미래를 자기의 세계 전체로서 느낀다. 그리고 각성된 의식과 동일시되는 현재는 헤아릴 수 없이 먼 두 개 사이에 놓여 있는 좁은 경계로서 나타난다. 이집트 문화는 배려의 체현──즉 먼 것의 정신적 등가물──이며 미래를 위한 것이다. 이 배려로 인해 화강암과 현무암에서 예술적 소재[14]가 선택되며 이는 그 속에 아로새긴 문서에 그리고 정밀한 행정 제도의 완성과 관수 설비망에 잘 나타나 있다.[15]

이집트의 미라는 최고 등급의 상징이다. 이에 의해 죽은 자의 육체가 영속된다. 마치 초상 조각에 죽은 자의 인격, 즉 카ka에 영속이 부여된 것과 같은데 죽은 자의 얼굴과 유사한 이 조각은 대단히 높은 의미로 받아들여졌다.

장례의 형식에 나타나 있듯이 역사적인 과거에 대한 태도와 죽음에 대한 견해 사이에는 깊은 관계가 있다. 이집트인은 무상함을 부정하고 고대 그리스·로마인은 문화의 모든 형식 언어를 이용해 이것을 긍정했다. 또한 이집트인은 역사의 미라, 즉 연대적인 날짜와 숫자도 보존했다. 솔론Solon 이전의 고대 그리스 역사부터는 연호, 진짜 이름, 구체적인 사건 등은 전혀 전해지지 않은──이로써 우리가 알고 있는 유물에만 과도한 중요성을 부여하게 한다──반면에 이집트와 관련해서는 3,000년 이상을 거슬러 올라가 많은 이집트 왕들의 이름은 물론이거니와 정확한 통치 연대를 알 수 있으며, 신왕국에서 그 왕들에 대해 완전한 지식을 갖고 있었음을 안다. 영원에 대한 무서운 의지의 상징으로서 대大파라오들의 육체가 오늘날까지 우리의 박물관에 놓여 있고 그들의 얼굴 모양도 분명히 알 수 있을 정도다.

우리는 오늘날에도 눈부실 정도로 잘 닦인 아메넴헤트 Amenemhet 3세 피라미드의 화강암 꼭대기에서 "아메넴헤트는 태양의 아름다움을 본다"라는 글을 읽을 수 있으며, 다른 측면에서는 "아메넴헤트의 혼은 오리온의 높이보다 높고 지하 세계와 결합하고 있다"라는 글을 읽을 수 있다. 이것은 무상함의 극복이고 단순한 현재의 극복이며 지극히 비非그리스·로마적이다.

5

　이러한 이집트적 생명 상징의 강력한 집단과 반대로, 고대 그리스·로마 문화의 문지방에는 자신의 내적·외적 과거의 단편에 펼쳐진 망각에 상응하는 죽은 자의 화장火葬으로 그 문화가 나타나고 있다. 게다가 석기 시대의 원시 민족들 사이에서 나란히 행해지던 다른 형식들에 비해 이러한 장례 형식을 종교적으로 강조하는 것은 미케네 시대에는 아주 낯선 것이었다. 그뿐 아니라 제왕의 분묘는 토장土葬의 우위를 말해준다. 그러나 호메로스Homeros 시대에 이르자 베다 시대와 마찬가지로 단지 정신적인 이유에 근거해 갑자기 토장에서 화장으로 바뀌어갔다. 그리고 이 화장은《일리아스Ilias》에 제시되어 있듯이 상징적인 행위——모든 역사적 영속의 의식적인 근절이며 부정이다——를 통한 무한한 격정으로 수행되었다.

　또한 이 순간부터 개인의 정신적 발전의 조형력도 종말을 맞게 되었다. 고대의 극劇은 내적 발전의 주제를 허용하지 않았듯 순수한 역사적 동기도 용납하지 않았다. 그리고 그리스적인 본능이 결정적으로 조형 미술에서 초상에 반反한다는 점을 우리는 잘 안다. 로마 제정 시대에 이르기까지 고대 예술은 어느 정도 자연적인 재료, 즉 신화16만을 알았을 뿐이다. 또한 헬레니즘 시대 조각의 이상적인 초상도 신화적이며 플루타르코스Plutarchos 풍의 전형적인 전기傳記도 마찬가지다. 어떤 위대한 그리스인도 자신이 경험한 시대에 대해 자신의 정신적인 안목으로 추상록追想錄을 서술한 바가 없다. 소크라테스Socrates는 자신의 내적 생활에 대해 우리가 생각하는 의미에서의 중요한 것을 말한 적이 한 번도 없다. 파르치발, 햄릿, 베르테르의 성립을 당연한 충동으로 예상하는 것이 고대의 정신에서도 가능했을지는 의문스럽다. 우리는 플라톤에게서 학설의 발전에 대한 의식의 흔적을 찾아볼 수 없다. 그의 개별 저작들은 단지 그가 그때그때 다양한 관점에서 쓴 것에 불과하다. 그것들의 발생적인 연관은 그의 사유 속에서 고려의 대상이 아니었다. 그러나 서양 정신사의 초기에는 이미 단테Alighieri Dante의《신생La vita nuova》이라는 심오한 자기 탐구서가 있었다. 따라서 괴테가 자기 안에 고대적인 것, 즉 순수하게 현재적인 것을 적게 지녔다는 점을 알 수 있다. 괴테는 어떤 것도 잊지 않는 인간이었으며, 그의 작품은 그 자신의 말에 따르면 단지 위대한 고백의 파편에 불과했다.

페르시아인이 아테네를 파괴한 후에는 낡은 예술품들은 모두 쓰레기 더미 속에 내던져졌다──우리는 이 작품들을 오늘날 그곳에서 다시 발굴하고 있다. 그런데 그리스의 누군가가 역사적 사실을 확인할 목적으로 미케네나 파이스토스의 유적을 돌보았다는 이야기는 들은 적이 없다. 호메로스는 읽혔다. 그러나 누구도 슐리만Heinrich Schliemann처럼 트로이의 언덕을 발굴할 생각을 한 적은 없었다. 그들이 원한 것은 신화였지 역사가 아니었다. 아이스킬로스Aeschylos의 작품과 소크라테스 이전 철학자의 작품 가운데 일부분은 헬레니즘 시대에 이미 없어졌다. 그와 반대로 페트라르카는 오직 이 문화에 대해서만 특유의 경건한 관찰과 내면을 통해 역사적으로 느꼈고, 보다 먼 세계를 회고하고 먼 것을 동경하는 인간으로서 고대의 유물, 화폐, 원고 등을 수집했다──그는 알프스의 봉우리에 오르고자 시도한 최초의 사람이었다. 실제로 그는 그 시대의 이방인이었다. 우리는 수집자의 정신을 단지 그 시대와의 관계를 통해서만 이해한다. 다른 색조를 띠었기는 하지만 보다 열정적인 것은 중국의 수집벽일 것이다. 중국을 여행하는 사람이면 누구나 고적을 방문하려고 한다. 도道라는 번역할 수 없는, 중국적 본질의 개념은 단지 깊은 역사 감각을 통해서만 해석될 수 있다. 그와 반대로 헬레니즘 시대에 도처에서 수집되고 전시된 것은, 파우사니아스Pausanias가 기술하고 있듯이, 신화적 매력이 있는 골동품이었으며 이 경우 역사적으로 엄밀하게 '언제', '무엇 때문에'라는 것이 결코 고찰된 적은 없었다. 그러나 이집트라는 땅은 대大투트모세Thutmose 시대에 이미 엄격한 전통을 지닌 하나의 대박물관으로 변해 있었다.

기계적인 시계는 서양의 여러 민족 가운데 독일인이 발명했다. 시계는 흘러가는 시간에 대한 무서운 상징이다. 무수한 종탑에서 밤낮없이 서유럽에 울려 퍼지는 종소리는 아마도 역사적인 '세계 감정'이 할 수 있는 가장 놀라운 표현일 것이다.[17]

무시간적이었던 고대는 시골이나 도시에서도 이런 종류의 것은 전혀 만나지 못했다. 페리클레스 시대에 이르기까지 낮 시간은 단지 그림자의 길이로 측정되었을 뿐이며 아리스토텔레스 이후에 이르러서야 비로소 '호라ŵP'라는 말이 '시간'이라는 의미 ――바빌론적인―― 를 지녔다. 그전에는 하루에 대한 정확한 구분이 없었다. 바빌론과 이집트에서는 이미 오래전부터 물시계와 해시계가 발명되어 있었다. 그러나 아테네에서는 플라톤이 실제로 시계로 사용할 수 있는 클렙시드라Klepsydra(물시계)의 모형을 수입했다. 그리고 후에 그다지 중요하지 않은 일상 도구로서 해시계가 들어왔다. 그러나 이것들은 고대의 생활 감정을 조금도 변화시키지 않았다. 여기에서 또한 이에 상응하는 고대 수학과 서양 수학의 차이에 대해 언급하지 않으면 안 된다. 이 차이는 근본적인 것이지만 심도 있게 충분히 평가된 적이 없다. 고대에는 수數에 대해 사물을 있는 그대로, 크기로서, 무시간적이고 순수한 현재로서 파악했다. 이것이 유클리드 기하학이 되었고 수학적 정역학靜力學이 되었으며 원추곡선 이론에 의한 정신적 체계라는 결실이 되었다. 우리는 사물을 생성되는 것, 태도를 취하는 것, 기능하는 것으로서 해석한다. 이것은 각각 동역학이 되고 해석기하학이 되며 또한 미분이 된다.[18] 근대의 함수 이론은 이러한 사상 전체를 거대하게 배열한 것이다. 그리스 물리학은——동역학이 아니라 정역학으로서——이 시계가 사용됨을 알지 못했고 그래서 시간을 재지도 않았으며 게다가 우리가 1초의 몇 천 분의 1까지 계산하고 있는 동안에도 시간 계측을 완전히 제외하고 있었다는 것, 이는 기묘한 사실이기는 하지만 정신적으로 확고한 근거가 있는 사실이다. 아리스토텔레스의 엔텔레케이아entelecheia는 유일한 무시간적인——무역사적인——진화 개념이다.

이것에 의해 우리의 과제가 결정되었다. 서구 문화 안의 인간은 역사적 감각을 갖고 있으므로 예외에 속하지 상례가 아니다. '세계사'는 우리의 세계상이지 '인류'의 세계상이 아니다. 인도와 고대의 인간은 생성된 세계상을 지니고 있지 않았고 언젠가 서구 문명이 소멸한다면 '세계사'를 각성 존재의 강력한 형식으로 삼는 문화와 이 문화의 인간 유형은 다시는 존재하지 않을지도 모른다.

6

그렇다면 세계사란 무엇인가? 그것은 순서대로 정돈된 과거의 표상이고 내적인 공준公準이며 형식 감정의 표현이다. 그러나 감정이란 아무리 명확하다 해도 실제 형식은 아니다. 그리고 누구나 세계사를 느끼고 체험하며 이를 형태에 따라 개관하고 있을 것이다. 동시에 우리가 알고 있는 것이 오늘날 그 형식 그대로지만 우리의 내적 생활의 반영상인 바로 그 형식이 아님은 분명하다.

물론 누구나 질문을 받으면 자신이 역사의 내적 형식을 명확하고 명료하게 꿰뚫어보고 있다고 확신할 것이다. 이러한 환영은 결코 진지하게 성찰하지 않은 결과로 생겨난 것이고 또한 자신의 앎에 의심을 품을 여지가 있으리라고는 전혀 생각하지 않기 때문에 생겨난 것이다. 사실 세계사의 형태라는 것은 직업적인 역사가에게서도 세대에서 세대로 계승된 채 검토되지 않은 정신적 소유이며, 이 견해는 갈릴레이 이래로 선천적으로 부여된 우리의 자연상을 해부하고 심화해온 회의懷疑를 조금이라도 받아들일 필요가 있다.

고대-중세-근대, 이것은 믿을 수 없을 만큼 빈약하고 무의미한 도식인데 이것이 우리의 역사 사상을 무조건적으로 지배해온 까닭에, 독일 황제 시대 이래 서유럽의 땅 위에서 전개된 작고 부분적인 세계의 진정한 입장을 올바르게 파악하는 일은 언제나 방해받았다. 즉 세계에 대한 참된 지위를 보다 높은 전체 인류사와의 관계에서 등급, 형태, 수명에 근거해 올바르게 파악하는 일은 언제나 방해받아왔다. 이 도식은 단순한 직선적 경과와 무의미한 균형 때문에 세기가 거듭됨에 따라 불가능한 것이 되었고, 또 우리 역사의식의 시각에 새로운 영역으로서 자연스럽게 편입하는 일을 전혀 허용하지 않는다. 그럼에도 이 도식의 타당성이 한 번도 진정으로 타격을 받지 않았다는 것은 미래 문화에서는 전혀 믿을 수 없는 일로 나타날 것이다. 왜냐하면 이 도식에 이의를 제기하는 것이 역사 연구자들 사이에서는 오래전부터 습관이 되어 있기는 하지만 전혀 무의미한 일이기 때문이다. 이는 이 도식에 의거해 존재하는 유일한 토대를 말소하는 데 그칠 뿐이고 이 도식을 대체하는 것은 아무것도 없다.

그리스적인 중세라든가 게르만의 고대에 대해 말하고 싶은 만큼 몇 번이고 논해도 좋다. 그러나 중국과 멕시코, 악숨 제국과 사산 제국의 유기적인 위치를 발견하는, 분명하고 내적으로 필연적인 상像은 이것에 의해 얻어질 수 없다. 근세의 시발점을 십자군에서 르네상스로 옮기거나 르네상스에서 19세기 초엽으로 옮기는 것은 단지 이 도식 자체가 움직일 수 없는 것으로 생각된다는 점을 증명할 뿐이다.

이 공식은 역사의 범위를 한정하지만 더 나쁘게 말하면 역사의 무대를 제한한다. 서유럽의 땅[19]은 부동의 극(수학적으로 말하면 어느 구면상의 단일한 점)을 형성하고──이러한 역사상歷史像의 창조자인 우리의 고향이 여기라는 것을 우리는 잘 알지 못하며 또 근거도 없다──, 또 수천 년에 걸친 방대한 역사와 먼 곳의 거대한 문화들이 상당히 조심스럽게 이 극의 둘레를 회전하고 있다. 이것은 아주 특수한 발명으로서의 행성계다. 어느 한 개별적 지방을 한 역사 체계의 자연적 중심으로 선택할 수 있는데 이 중심은 바로 태양이다. 역사상 일체의 사건은 그곳에서부터 참된 빛을 받는다. 역사상의 의의는 그곳을 중심으로 해서 원근법적으로 판단된다. 그러나 실제로 여기에서 이야기하는 것은 회의에 의한 반성이 없는 서유럽인들의 자만이다. 그들의 정신 속에서 이 '세계사'라는 망령이 풀려나온다. 오랫동안 우리의 습관이 되어버린 거대하고 시각적인 환영은 그것 덕분이다. 서유럽인의 세계사에서는 중국이나 이집트와 같이 수천 년에 걸친 먼 곳의 역사가 단순한 삽화처럼 축소되어 있는 반면에 우리의 위치 가까이에서는 루터Martin Luther 이래의 역사, 특히 나폴레옹 이래의 수십 년이 도깨비처럼 팽창되어 있다. 우리는 구름이 높으면 높을수록 천천히 움직이는 것처럼 보이고 먼 지역을 지나가는 기차는 천천히 달리는 것처럼 보인다는 점을 알고 있다. 그런데도 우리는 옛날 인도, 바빌론, 이집트 역사의 속도가 우리의 극히 최근의 과거 속도보다 늦다고 믿고 있다. 그리고 우리는 거리──내적·외적──를 고려해 설정하는 것을 잘 알지 못하기 때문에 그곳들의 실체가 희미하거나 형식이 보다 불투명하고 희박하다고 생각한다.

　서양 문화에서 아테네, 피렌체, 파리의 현존재가 뤄양이나 파탈리푸트라의 존재보다 중요하다는 것을 우리는 물론 이해한다. 그러나 우리가 그런 가치 평가를 세계사 도식의 기초로 삼아도 좋을까? 중국의 역사가는 하나의 세계사를 작성하고 그 안에서 십자군과 르네상스, 카이사르와 프리드리히 대왕을 무의미한 것으로 묵살해버릴 권리가 있을 것이다. 형태적으로 관찰했을 때 18세기는 어째서 그에 앞선 과거의 60세기 가운데 어느 세기보다도 더 중요하게 다뤄져야 할까? 불과 몇 세기에 걸친 '근대', 게다가 본질적으로 서유럽에만 한정되어 있는 근대를 수천 년을 포함하는 고대와 대립시키고, 더욱이 그리스 이전의 모든 문화를 보다 첨예한 윤곽도 없이 간단히 덧붙여서 고대 그리스·로마에 대립시키는 것은 우스꽝스러운 일이 아닐까? 낡아빠진 도식을 보존하기 위해 우리는 이집트와 바빌론의 각각 독립된 역사를 그 자체만으로 샤를마뉴 대제 시기부터 세계대전과 그 이후까지의 이른바 '세계사'에 필적하는 고대 그리스·로마 역사의 전조로 정리해버린다. 또한 우리는 광대한 인도와 중국의 문화 전체를 당황한 얼굴 표정으로 각주 안에 밀어 넣으며 위대한 아메리카 문화들을 참조한다. 그러면서 그 안에 연관성(무엇 때문에)이 결여되어 있음을 이유로 들어 완전히 무시하지는 않았는가?

나는 오늘날의 서유럽인에게 상식적인 도식에서는 고급 문화가 모든 세계 사건의 중심인 우리 주위를 돌고 있다고 이름 붙이고자 한다. 그리고 나는 그런 도식을 역사 영역에서의 '프톨레마이오스적 체계'라고 간주하고 이 책에 나타나 있는 체계를 역사 영역에서의 '코페르니쿠스적 발견'이라고 간주한다. 이 체계에서는 고대 그리스·로마와 서양이 인도, 바빌론, 중국, 이집트, 아라비아 문화 및 멕시코 문화——이 것들은 개별적으로 '생성된' 세계이므로 역사의 천체상에서는 고대와 똑같이 중요하며 그 정신적 구상의 위대함과 상승력이라는 점과 관련해서는 고대를 훨씬 능가한다——에 필적하며 어떤 경우에도 편중적인 위치를 점하지 않는다.

7

고대-중세-근대라는 도식은 최초의 구상에서는 마기Magi적인 세계 감정이 창조한 산물이었다. 그것은 처음에 키루스Cyrus[20] 이후의 페르시아 종교와 유대 종교 안에서 나타났는데, 세계의 4기紀에 관한 〈다니엘서〉의 가르침에서 묵시록적인 해석을 받아들였고 동방의 여러 기독교적 종교들에서, 무엇보다 그노시스주의[21]적 체계에서 하나의 세계사로 형성되었다.

이 중요한 구조는 정신적 전제 조건을 구성하는 좁은 한계 안에서는 아주 정당한 것이었다. 이러한 구역 안에서 인도사는 물론 이집트사도 고찰되지 않았다. 마기적 사상가의 입에서 나오는 세계사라는 단어는 단 한 번의 극적인 행위를 뜻하며, 극도의 극적인 행위는 그리스와 페르시아 사이의 땅에서 일어났다. 이 말 속에는 동양인에 대한 이중적 세계 감정이 표명되어 있는데, 그것은 영혼과 정신, 선과 악이라는 동시대 형이상학의 양극적 대립을 드러내는 것이 아니라 오히려 세계 창조와 세계 몰락이라는 두 세대의 전환으로서 몰락의 주기적 국면 전환을 드러낸다.[22] 한편 고대 문학에 의해 확정되지 않았고, 다른 한편 성서와 관련된 체계 안에서 위치를 차지하던 종교성에 의해 확정되지 않은 요소들은 모두 생략된다. 이러한 세계상에서 고대와 근대라는 시간적 파악에는 당시의 평이한 대립——비유대교도와 유대교도, 비기독교도와 기독교도, 고대와 동방, 우상과 교설, 자연과 정신의 대립——, 즉 하나가 다른 하나를 정복하는, 극복이라는 드라마가 나타나 있다. 역사적 과도기는 종교적 구제라는 특징을 지닌다. 의심할 나위 없이 이 '세계사'는 협소하고 전적으로 지방적인 견해에 근거하고 있으나 논리적이며 자체로 완전한 양상을 띠고 이 땅과 인류에 고착되어 있으며 자연적인 확대가 전혀 불가능했다.

서양이라는 토대 위에 제3대의 시대——우리의 근대——가 첨가됨으로써 비로소 그러한 역사 상像 속에 움직임의 경향이 생겨났다. 동양적인 상은 정지해 있고 균형을 이룬 채 고착된 반대 명제이며, 신神의 단 한 번의 행위를 수단으로 삼는다. 전혀 새로운 종류의 인간이 이 상을 받아들이고 자기 것으로 삼을 때, 이 상은 갑작스러운 변화의 기괴함을 깨닫지 못하고 하나의 선의 형태로 변형된다. 게다가 이 선은 세 부분으로 구성된 상을 제멋대로 재량껏 해석했던 역사가나 사상가 또는 예술가의 개인적인 취미에 따라서 호메로스 또는 아담—— 오늘날에는 인도·게르만인이나 석기 시대인이나 원인猿人에서부터 풍부하게 시작되어도 좋다——에서 예루살렘, 로마, 피렌체, 파리를 경유하며 올라가거나 내려가기도 한다.

그리하여 우리는 비기독교와 기독교라는 보충적인 개념에 '근대'라는 완결된 개념을 덧붙였고, 이 완결된 의미에서는 절차 과정의 연속성을 허용하지 않는다. 그리고 십자군 전쟁 이후로 반복해서 확대되어 이제 더 이상의 연장은 불가능한 것으로 여겨진다.[23] 여기서 고대와 중세를 넘어선 지점에서 무엇인가 최종적인 것, 즉 어떻게든 하나의 성취가 이루어진 제3국이 시작되고 있다는 의견은 굳이 말하지 않더라도 누구나 갖고 있다. '제3국'이란 정점이고 목표인데 스콜라 철학자부터 오늘날의 사회주의자에 이르기까지 각자 이것을 인식하고 있었던 것이다. 이것은 사물의 진행에 대한 견해로서 편안하며 또한 그 창조자에게 아부하는 견해다. 이것은 개인의 두뇌 속에 반영된 서양의 지성을 아주 단순하게 세계의 의미와 동일시한 것이다. 그리고 대사상가들은 정신적인 필요를 형이상학적 도덕으로 삼았고, '만인의 동의'에 의해 신성화된 도식을 진지하게 비평하지도 않은 채 철학의 근거로 고양시켰으며, 그때그때 '세계 설계'의 창시자로서의 신을 수고스럽게 했다. 어쨌든 셋이라는 신비한 세계 연대의 수는 형이상학적 기호로는 대단히 유혹적이었다. 헤르더Johann Gottfried von Herder는 역사를 인류의 교육이라고 불렀고 칸트는 자유 개념의 전개라고 불렀으며, 헤겔Georg Wilhelm Friedrich Hegel은 세계정신의 자기 전개라고 불렀고 또 다른 사람들은 각각 자기 마음대로 이름 붙여 불렀다. 그런데 시대 구분에서 주어진 단순한 3이라는 숫자 속에서 추상적인 의미를 제시해낸 사람은 역사의 근본 형식에 대해 충분히 고찰했다고 믿고 있었다.

서양 문화 초기에 나타난 최초의 헤겔류 사상가는 위대한 조아키노Gioacchino da Floris(1202년 사망)인데, 그는 아우구스티누스Aurelius Augustinus의 이원적 세계관을 타파했고 진정한 고딕 사상가의 감정으로 자기 시대의 새로운 기독교를 제3종교로서 《구약 성서》와 《신약 성서》의 종교에 대립시켰다. 즉 이 제3종교와 관련해서 아버지의 시대, 아들의 시대, 성령의 시대라고 표현했다. 그는 프란체스코파와 도미니코파의 최고 인물인 단테와 토마스 아퀴나스Saint Thomas Aquinas를 가장 내적인 부분까지 동요시켰고 하나의 세계관에 눈뜨게 만들었다. 그리고 이 세계관이 우리 문화의 역사에 대한 모든 생각을 서서히 점유하게 되었다. 레싱Gotthold Ephraim Lessing은 자신의 시대를 고대와 관련시켜 '후기 시대'[24]라고 불렀는데 자신의 '인류의 교육'(아이, 청년, 성인의 단계로 나눠)에 대한 사상을 14세기 신비주의자들의 가르침에서 받아들였고, 입센Henrik Ibsen은 이것을 《황제와 갈릴리인Kejser og Galilaeer》(그노시스주의적 세계관이 마술사 막시무스의 형태로 직접 나타나 있다)에서 철저히 다루었으며, 그의 사상은 그의 유명한 1887년의 스톡홀름 연설에서 한 발자국도 더 나아가지 않았다. 서유럽의 출현을 일종의 결론으로 단정하는 것은 분명 서유럽적으로 자기 감정을 요구하는 것이다.

그러나 조아키노 수도원장은 신적인 세계 질서의 비밀을 신비한 관점으로 보았다. 이것이 합리적으로 파악되고 과학적 사고의 전제 조건이 되면서 모든 의미를 잃어버리지 않을 수 없었다. 그리고 그러한 일이 17세기 이후 가속적으로 일어나고 있다. 그러나 우리가 각자 제멋대로 정치적·종교적·사회적 확신에 고삐를 쥐는 것은, 그리고 아무도 동요시킬 수 없는 세 가지 국면 사이에서 정확히 자신의 입장 쪽으로 방향을 부여하는 것은 역사 해석 방법으로서는 내용이 완전히 없는 것이다. 그리고 그 이후에 이성의 지배, 인문주의, 최대 다수의 최대 행복, 경제적 혁명, 계몽, 민족 해방, 자연 정복, 세계 평화 등이 수천 년에 걸쳐 절대적인 척도로 제시된다. 그러나 이러한 것들을 올바르게 파악하지 못했다는 것, 또는 이것들을 이해하는 데 성공하지 못했다는 것이 입증되고 있다. 반면에 이러한 사실은 그들이 단지 우리와는 뭔가 다른 것을 원하고 있음을 보여줄 뿐이다. "인생에서 분명한 것은 인생에 대한 것이지 인생의 결과가 아니다"――이것은 괴테의 명구이며, 역사 형성의 비밀을 프로그램으로 해명하려는 어처구니없는 모든 시도와 대립한다.

각 예술사와 경제사, 그리고 각 국민 경제학사와 철학사가 잊을 수 없게 묘사하는 것도 똑같은 상이다. 그것들을 통해 우리가 보는 것은 이집트 화가(또는 혈거인)부터 인상파에 이르기까지의 '회화', 호메로스Homeros라는 맹인 가수부터 바이로이트 이후에 이르는 '음악', 태고의 호수 위에 정주한 사람들부터 사회주의에 이르기까지의 사회 질서이며, 이것들은 불변하는 어떤 경향에 근거해 선적 형태를 이루며 계속 상승하고 있다. 더구나 예술이 어느 정도 정해진 수명을 갖고 있고 어떤 땅과 일정한 부류의 인간을 표현함으로써 그것들과 결부되어 있으며, 이 모든 역사가 이름과 직업적인 기교 외에는 아무런 공통점도 없고 단지 개개인의 발전과 독특한 예술의 외형적인 합계에 불과하다는 점을 고려되지 않는다.

모든 유기체를 통해 우리는 그 생명의 속도, 형태, 수명, 개별적인 삶의 표현이 유기체들 종류마다 지니는 특성에 따라

정해져 있다는 것을 안다. 누구라도 수천 년이 지난 떡갈나무를 보고 그것이 이제 겨우 성장하기 시작했다고는 생각하지 않을 것이다. 매일매일 성장하는 유충을 보고서 그것이 2~3년이고 계속 성장하리라고는 누구도 예상하지 않을 것이다. 이처럼 우리는 확실성과 함께 한계의 감정을 무조건적으로 지니고 있으며, 이 한계의 감정은 내적인 형식에 대한 감정과 동일시된다. 그러나 이와 반대로 보다 높은 인류 역사에는 미래의 진행 과정과 관련해 역사적이고 유기적인 모든 경험을 경시하는, 제어할 수 없는 낙관론이 지배하고 있다. 또한 그 역사에서는 누구든지 우연적인 현재 속에 현저한 직선 모양의 진전에 부가물을 확정하고 있으나 이는 과학적으로 증명되기 때문이 아니라 각자가 그것을 원하고 있기 때문이다. 그 역사에서는 무한한 가능성——자연스러운 결말이 아니라——이 예상되고 각각 순간의 위치에서 소박한 연속적 구조가 설계된다.

그러나 인류가 목표도 이념도 계획도 갖고 있지 않듯이 나비나 난초 등도 種의 목표를 갖고 있지 않다. '인류'란 동물적인 개념이거나 공허한 단어다.[25] 이러한 망령을 역사적 형식 문제의 주변에서 사라지게 하면 놀랄 정도로 풍부한 실제적인 형식이 나타날 것이다. 여기에는 '살아 있는 것'이 가지는 헤아릴 수 없는 충실함, 깊이, 활동량이 있으며, 이것들은 표어나 무미건조한 도식이나 개인적인 이상에 의해 오늘날까지 가려져 있던 것이다. 나는 사람들이 올바르다고 여기는 선 모양의 세계사에서 지루한 상을 본다. 이것은 압도적인 다수가 지지하는 사실들에 눈감았을 때 얻을 수 있는 수많은 거대한 문화들의 연극이다. 이들 여러 문화는 어머니인 땅의 태내에서 원초적인 힘으로 꽃을 피우고, 이러한 존재의 모든 진행 과정이 일어나는 동안 이 땅과 밀접하게 결부된다. 이러한 문화는 인간에게 제각각의 재료로 문화 특유의 형식 유형을 부여함과 동시에 의욕과 감정, 특유한 관념, 열정, 생활, 죽음을 지니고 있다. 여기에는 어떤 정신적인 안목도 발견하지 못했던 빛, 색, 움직임이 있다. 여기에는 젊고 늙은 떡갈나무나 소나무가 있고 꽃이나 나뭇가지나 나뭇잎이 있듯이 꽃을 피우고 죽어가는 문화, 민족, 언어, 진리, 신, 지방 등이 있다. 하지만 노쇠해가는 인류란 없다. 각각의 문화는 자신을 새롭게 표현할 수 있는 가능성을 지니지만, 이 가능성은 나타나고 성숙하고 시들며 결코 되돌아오지 않는다. 근본적인 것이 서로 다른 많은 조소, 회화, 수학, 물리학이 있고, 그것들은 모든 식물종이 특유한 꽃과 열매를 지니고 성장과 조락의 특유한 형태를 갖고 있듯 제각기 한정된 수명을 갖고 있으며, 그 자신은 자체로 완성되어 있다. 최고도로 생명의 본질이 되는 이러한 문화는 들꽃처럼 숭고한 무목적성 속에서 성장한다. 식물이나 동물처럼 괴테의 살아 있는 자연에 속하지 뉴턴의 죽은 자연에 속하지 않는다. 나는 세계사에서 영원한 형식과 전형의 모습을 보고, 유기적인 형식이 가지는 생성과 소멸의 놀라운 상을 본다. 그러나 미래의 역사가는 이것을 촌충寸蟲의 형태로 파악하고서 이것에 지칠 줄 모르는 기원을 부여하고 있다.

그렇지만 고대-중세-근대라는 계열에서 그 영향은 마침내 다 고갈되어버렸다. 그것은 과학적인 토대로서는 좁고 얄팍했지만 우리의 성과를 정리하는 데 필요하며 비철학적으로는 전혀 이해되지 않는 유일한 형식을 설정했다. 그리고 덕분에 지금까지 세계사로 체계화되어온 그 내용의 나머지들을 버리게 되었다. 그러나 이러한 도식에 의해 최대한 연결되어 있던 수십 세기는 오래지 않아 따라잡혔다. 이 상은 역사적인 자료, 특히 완전히 이러한 순서 밖에 놓여 있는 자료가 급격히 증가하자 어렴풋한 혼돈 속에서 소멸하기 시작했다. 완전히 눈이 멀지 않은 역사가는 이를 알고 있고 또한 감지하고 있다. 그들은 단지 완전히 궁지에 빠져버리지 않기 위해 자기가 알고 있는 유일한 공식에 매달리는 것이다. 중세라는 말[26]은 1667년에 레이덴의 호른Horn 교수가 만들어낸 것인데 오늘날에는 형태 없는 경계선이 되어 끊임없이 확장해가고 있으며 완전히 다른 두 개의, 단지 정돈된 집단에 이의를 제기하지 못함으로써 순전히 부정적으로 한정된 것을 감싸 안고 있음이 틀림없다. 이는 근대에 와서 페르시아, 아라비아, 러시아의 역사가 애매한 취급과 평가를 받고 있는 예를 통해서도 알 수 있다. 이른바 세계사라는 것은 처음에 동부 지중해 지방에 한정되어 있었는데 우리에게 가장 중요한 사건이자 그렇기 때문에 지나치게 과대평가된 민족 이동 이후에는 무대가 갑자기 변하면서 중부 서유럽에 한정되었다. 이 세계사는 순수하게 서양적으로 의미를 지니고 있으며 아라비아 문화와도 이미 아무 관계가 없다. 헤겔은 솔직하게 자신의 역사 체계에 적합하지 않은 민족은 무시된다고 설명했다. 이는 모든 역사가가 자신의 목적을 달성하려고 마련한 방법론적 전제 조건에 대한 헤겔의 정직한 고백이다. 우리는 이것으로 역사 저작물의 전반적인 성질을 분명히 밝힐 수 있다. 사실상 우리가 오늘날 역사적 발전에 있어 어느 것을 진지하게 고려하고 어느 것을 고려하지 않는가 하는 것은 과학적인 박자의 문제다. 랑케가 좋은 예다.

8

오늘날 우리는 여러 대륙에 대해 생각한다. 우리의 철학자와 역사가만이 아직 이것을 모를 뿐이다. 보편적 타당성의 요구를 현저하게 보여주는, 그리고 서유럽인의 지적 환경을 넘어서지 못하는 지평의 개념과 전망이 우리에게 무슨 의미가 있겠는가?

이에 대해 우리가 갖고 있는 가장 훌륭한 책들을 펼쳐보자. 플라톤이 말하는 인류란 바르바렌Barbaren(이방인)과 구별되는 고대 그리스 사람을 가리킨다. 이것은 무역사적인 고대의 생활 및 사고의 양식과 완전히 일치하며 이 전제하에서 그리스인에게 올바르고 의의 있는 결론이 된다. 그러나 칸트가 윤리적 이상에 대해 예를 들 때면 그는 그 이상이 모든 시대의 모든 종류의 인간에게 타당하다고 주장한다. 단지 그것이 그나 독자에게 명백하기 때문에 따로 언급하지 않을 뿐이다. 그가 자신의 미학에서 형식화하는 것은 페이디아스Pheidias 혹은 렘브란트Rembrandt Harmenszoon van Rijn의 예술 원리가 아니라 오히려 예술 일반의 원리와 동일하다. 그러나 그가 확립하는 사고가 필연적으로 가지는 형식은 결국 서양적 사고의 필연적 형식이다.

아리스토텔레스의 관점에서 칸트와 본질적으로 다른 결과를 관찰해보면 아리스토텔레스가 칸트보다 덜 명석한 두뇌로 고찰한 것이 아니라 칸트와는 다른 성질의 두뇌로 살폈다는 점을 알 수 있다. 러시아의 사상에서 서양의 범주는 중국이나 그리스의 범주와 마찬가지로 낯설다. 우리는 고대의 근원어를 완전히 이해할 수 없듯이 러시아와 인도에 대해서도 완전히 이해할 수 없다. 전혀 다른 종류의 지능을 지닌 근대의 중국인과 아라비아인에게는 베이컨Fransis Bacon에서 칸트에 이르는 철학이 단지 호기심을 충족시켜줄 뿐이다. 서양의 사상가들에게 결여되어 있으나 또 바로 그들에게 결여되어서는 안 되는 것이 있다. 그것은 바로 자신에 대해 하나의 특수한 현존재의 표현이 되는 자기 성과의 역사적·상대적 성질에 대한 통찰이며, 그것의 타당성이 가지는 필연적 한계에 대한 앎이며, 그 자신의 흔들림 없는 진리와 영구적인 견해가 단지 자신에게만 옳고 자신의 세계관에서만 영구적이라는 확신이며, 더 나아가 다른 문화의 인간이 똑같은 확신을 갖고 자기 안에서 발전시킨 것을 찾아야 할 의무다. 이것이 미래의 철학을 완성시켜준다. 이것이 역사, 즉 살아 있는 세계의 형식 언어를 이해시켜준다. 이 세계에는 지속적인 것도 없고 보편적인 것도 없다. 우리는 사상의 형식, 비극의 원리, 국가의 임무에 대해 더 이상 말하지 않아야 한다. 보편타당성이란 언제든 자기 자신으로부터 타자한테 미치는 잘못된 결론이다.

쇼펜하우어에게 영향받은 서양의 근대 사상가들에게 방향을 돌려보면 이들에게 이 相像은 매우 위태롭고, 근대 사상에서 철학의 중심은 추상적·체계적인 것에서 실제적·윤리적인 것으로 옮겨지며, 생명의 문제(생동에의 의지, 힘에의 의지, 행동에의 의지)에서 인생의 문제가 등장한다. 이들에게 고찰의 대상이 되는 것은 칸트의 경우처럼 인간이라는 관념적·추상적 개념이 아니라 역사 시대에 원시인이나 문화인으로서 민족적 군群을 이루며 지구상에서 살아간 현실의 인간이다. 이러한 고찰에 이르러서도 고대-중세-근대라는 도식을 통해 최고 개념의 구조를 이 도식에서의 장소적 제약에 의해 규정하는 것은 무의미하다. 그러나 사실은 그렇게 하고 있다.

니체의 역사적 지평을 고찰해보자. 데카당스, 니힐리즘, 모든 가치의 전도, 힘에의 의지 등의 개념——이들 개념은 서양 문명의 본질에 깊이 뿌리를 내리고 있으며, 이러한 문명 분석에 결정적이다. 이 개념들을 창조해낸 기반은 무엇이었을까? 로마인과 그리스인, 르네상스와 현대 유럽, 오해를 가지고 인도 철학을 잠깐 곁눈질하는 것, 즉 고대-중세-근대다. 엄밀히 말하면 그는 이 도식에서 조금도 나아가지 못했고 당시의 다른 사상가들도 그와 다를 바 없었다. 그런데 그가 말한 디오니소스적이라는 개념은 공자 시대의 고도로 문명화된 중국인, 또 근대 아메리카인의 내적 생활과 어떤 관계가 있을까?

위버멘쉬Übermensch(초인)라는 유형은 이슬람 세계에서 어떤 의미를 가질까? 혹은 대립 명제로서 형태화된 자연과 정신, 비기독교적인 것과 기독교적인 것, 그리스 로마와 근대라는 개념은 인도인이나 러시아인의 정신태精神態에서 어떤 의미가 있을까? 자신의 인생에 가장 깊은 바탕을 두고 서양 관념계의 모든 것을 미지의 것으로 거부해버린 톨스토이Lev Nikolayevich Tolstoi는 중세와 단테 및 루터와 어떤 관계가 있을까? 한 사람의 일본인이 파르치팔과 차라투스트라와는 어떤 관계가 있을까?

어떤 인도인은 소포클레스와 어떤 관계가 있을까? 그리고 쇼펜하우어, 콩트Auguste Comte, 포이어바흐Ludwig Feuerbach, 헤벨Christian Friedrich Hebbel, 스트린드베리Johan August Strindberg의 사상이 가지는 범위는 얼마나 넓다고 할 수 있을까? 이들의 모든 심리는 세계적으로 타당한 것을 목표로 하고 있는데도 순수하게 서양적인 의의를 지니고 있는 것은 아닐까? 입센의 여성 문제도 전 인류의 주의를 촉구하고 있다. 그럼에도 이것은 순수하게 서양적인 의미를 지니고 있는 것은 아닐까? 2,000~6,000마르크의 셋집과 프로테스탄트적인 교육에 어울리는 시야를 지닌 북구 대도시의 유명한 여성 노라 대신에 카이사르의 아내라든가, 마담 드 세비네라든가, 일본의 어느 여성이라든가, 티롤(이탈리아와 오스트리아 경계의 알프스 지방)의 농촌 여성을 데려오면 얼마나 우스꽝스러워질까? 입센 자신은 어제와 오늘의 대도시 중산 계급의 시야를 지니고 있다. 그의 투쟁은 상류 계급의 것도 아니고 하층 대중의 것도 아니다. 유럽인이 아닌 주민들로 이루어진 도시의 것도 물론 아니다. 이 투쟁의 정신적인 전제는 대략 1850년경부터 존재해왔지만 1950년에는 계속되지 않을 것이다. 이것은 모두 삽화적인 부분적 가치이고, 게다가 대부분 서양형 대도시의 일시적 지식 계급의 범위로만 한정된 가치일 뿐 결코 세계적이고 영구적인 가치가 아니다. 그리고 이들 가치가 입센과 니체의 시대에는 본질적인 것이었다 하더라도 근대적 흥미의 밖에 있는 요소들을 그 안에 종속시키고 과소평가하거나 무시한다면 이는 완전히 세계사——세계사는 임의로 선택한 부분을 기술하는 것이 아니라 진체를 기술하는 것이다——라는 말의 의미를 오해하는 것이다. 그런데도 실제로는 지나치다고 할 정도로 그렇게 오해되고 있다. 지금까지 서양에서 공간, 시간, 운동, 수, 의지, 결혼, 사유 재산, 비장극悲壯劇, 과학 등의 모든 문제와 관련해 쓰이고 사유된 것은, 언제나 문제 자체의 해결을 목표로 했기 때문에 협애하고 의문에 싸인 채 남겨져 있다. 해답의 수는 질문자 수만큼 있다는 것, 어떤 철학적 문제는 이미 그 문제 안에 포함되어 있는 일정한 대답을 얻으려는 숨겨진 소망에 불과하다는 것, 한 시대의 커다란 문제는 충분히 파악할 수 없을 만큼 변하기 쉽다는 것, 그래서 역사적으로 한정된 집단이 해결을 얻어야만 하고, 그리고 그 해결의 개관에 의해——자신의 고유한 가치 척도는 모두 제외하고——비로소 최후의 비밀이 열린다는 것, 이러한 것들은 결코 이해되지 않았다. 진실로 인간을 잘 아는 사람에게는 절대적으로 정당한 견해라든가 잘못된 견해라든가 하는 것이 없다. 시간 문제나 결혼 문제와 같이 아주 어려운 문제에 직면했을 때, 개인적인 경험이나 마음의 목소리나 이성이나 선배, 동료 등에게 의견을 구하는 것으로는 충분하지 않다. 이러한 것들을 통해 질문자 자신과 해당 시대에 무엇이 진리인지는 알 수 있지만 이것이 전부는 아니다. 다른 문화 현상은 다른 언어로 이야기된다. 다른 사람에게는 다른 진리가 있다. 사상가들에게는 그것이 모두 가치 있거나 전혀 가치 없는 것이 된다.

우리는 서양의 세계 비판이 얼마나 넓어지고 심화될 수 있는지, 그리고 니체와 그 시대의 악의 없는 상대주의를 넘어서는 고찰의 영역에 관련되는 것, 형식 감정의 자유, 심리학의 정도程度, 실제적인 이해利害로부터의 해방과 단념, 지평의 무한계 등이 어느 정도까지 이루어져야 하는지를 이해한 뒤에야 비로소 세계사를, 즉 '역사로서의 세계'를 이해했다고 말해도 좋을 것이다.

9

나는 이러한 개인적인 소망에 의해, 역사에 강제된 자의적이고 좁은 외부적 형식과 세계 사건들의 자연적인 '코페르니쿠스적' 형태를 대비시킨다. 이 형태는 세계 사상의 저 깊숙한 곳에 내재해 있으며 오직 선입견이 없는 관점에 의해 나타난다.

나는 괴테를 기억한다. 그가 살아 있는 자연이라 부르는 것은 바로 여기에서 가장 넓은 범위의 세계사, 즉 역사로서의 세계라 일컬어질 수 있는 것이다. 예술가로서 언제나 자기 모습으로 발전과 생활을 만들어내고 이미 생성된 것이 아니라 생성되고 있는 것을 만들어낸 괴테는《빌헬름 마이스터Wilhelm Meister》나《시와 진실Dichtung und Wahrheit》에서 나타나듯이 수학을 싫어했다. 수학에서는 기구로서의 세계와 유기체로서의 세계, 죽은 자연과 살아 있는 자연, 법칙과 형태가 각각 대립한다. 그가 자연 연구가로서 서술한 한 줄 한 줄은 형성되는 것의 모습, 생활하면서 발전해가는 '인상적인 형태'를 눈앞에 생생하게 진개한 것이었다. 공간, 직관, 비교, 직접적인 내적 확신, 정확한 감각적 상상——이것이 움직이고 있는 현상의 비밀에 가까이 접근해가는 수단이었다. 그리고 이것이 역사 연구 일반의 수단이다. 그 외에는 방법이 없다. 이러한 신적인 안목에 의해 그는 발미의 싸움 전날 밤에 야영지의 모닥불 옆에서 "여기에서 또 오늘부터 세계사의 새로운 기원이 시작된다. 그리고 제군은 거기에 있었노라고 말할 수 있다"라고 말했던 것이다. 어떤 장군도, 어떤 외교가도, 어떤 철학자도 역사가 이처럼 직접적으로 이루어져가는 것을 느끼지 못했다. 이것이 바로 어떤 커다란 역사적 행위에 대해 가장 심오한 판단으로 그 행위가 완성된 순간에 표현된 것이다.

그러므로 괴테가 나뭇잎에서 식물 형태로의 발전, 척추동물의 기원, 지질학적 지층의 생성——자연의 운명이지 자연과의 인과 관계는 아니다——을 추구한 것과 마찬가지로 여기에서는 인간 역사의 형태어, 그 주기적 구조, 그 유기적 논리가 확실한 세목에서부터 풍부하게 전개되어야 한다.

게다가 인간은 지구상의 생물체 가운데 하나로 헤아려지며 그 생물체들의 근거가 된다. 인간의 신체 구조, 인간의 자연적 기능, 인간의 모든 감각적 현상, 이것들은 모두 보다 포괄적인 일체감에 속해 있다. 단 하나의 예외가 있을 뿐이다. 식물의 운명에 의해 인간의 운명을 깊이 느끼게 하는 유사성——모든 서정시의 영원한 주제——이 있는데 이는 모든 인간의 역사 및 다른 고등 생물 무리의 역사와도 유사——무수한 동물 동화, 중세의 이야기 또는 우화의 주제——하다. 이 세계가 상상력을 깊이 순수하게 자극하도록 하면서 우리는 청춘, 성장, 성숙, 쇠퇴라는 말을 지금까지 당연하게 주관적 가치 평가의 표현으로 보았고 사회적·도덕적·미적·개인적 취미의 방식으로 보았으며 오늘날에는 더욱 그렇게 하고 있다. 그러나 여기서 우리는 인간의 문화들로 이루어진 세계를 이미 파악한 도식 속에 밀어 넣지 말고 이제 이 말들을 유기적 상태가 지속되는 객관적인 관계로 보자. 고대 문화 그 자체를 완결된 현상으로, 고대 정신의 육체와 표현으로 이집트, 인도, 바빌론, 중국, 서양의 여러 문화와 나란히 세워보자. 그리고 이러한 커다란 개체가 변화하는 운명 속에서 유형들을 찾고, 지나치게 많은 느슨한 우연 속에서 필연을 찾아보자. 그러면 세계사의 궁극적인 상──이 모습은 우리 서양인에게, 단지 우리에게만 자연스러운 것이다──이 발전해가는 것을 볼 수 있다.

10

그러면 보다 좁은 과제로 돌아와 이 광범위한 전망에서 우선 1800년과 2000년 사이의 서구 유럽과 아메리카의 위치를 형태적으로 규정해야 한다. 서양 문화 전체에서 이 시기 안에 언제, 어느 문화에서도 필연성의 형태를 가지고 나타나는 전기적 구분으로서의 의의와, 그 시기의 정치적 · 예술적 · 지적 · 사회적 형태어의 유기적 또는 상징적인 의미, 이것들이 확정되어야 한다.

비교 관찰에 의하면 이 시기는 헬레니즘과 더불어 '동시적'이며 특히 이 순간적인 정점──1차 세계대전에 의해 특징지어진──은 헬레니즘 시대에서 로마 시대로 옮겨가는 전환기에 해당한다. 로마의 기풍은 가장 엄밀한 사실에 의해 비천재적이고 야만적이며, 규율적이고 실제적이며, 프로테스탄트적이고 프로이센적인데, 이것은 비교에 의해 언제나 우리 자신의 미래를 이해하는 열쇠가 될 것이다. 고대 로마인과 그리스인——이들이 우리로 하여금 이미 완성된 운명과 당면하고 있는 운명을 구별해준다. 왜냐하면 우리는 본래 서유럽과는 대조적인 발전상을 오래전부터 고대에서 발견할 수 있었고 또한 마땅히 발견해야 했기 때문이다. 이 두 발전은 표면상에 나타나는 세부적인 면에서 서로 다르다. 그러나 커다란 생물체를 완성으로 향하게 하는 내적인 충동에서는 완전히 동일하다. 우리는 트로이 전쟁과 십자군, 호메로스와 니벨룽겐의 노래에서 시작해 도리스 양식과 고딕 양식, 디오니소스 운동과 르네상스, 폴리클레이토스Polycleitos와 바흐Johann Sebastian Bach, 아테네와 파리, 아리스토텔레스와 칸트, 알렉산드로스와 나폴레옹을 거쳐 두 문화의 세계도시 시대와 제국주의에 이르기까지 우리 자신이 처한 현실의 변함없는 옛 자아를 발견하게 된다.

그러나 여기에서는 고대 역사상에 대한 해석이 전제 조건이 된다. 그 해석은 고대 역사를 늘 얼마나 일면적으로, 얼마나 외면적으로, 얼마나 편파적 · 배타적으로 파악했던가? 이는 우리가 '고대인'을 너무나 친근하게 느끼는 탓에 이 과제를 너무나 가볍게 취급했기 때문이다.

고대에 대한 모든 연구는, 연구물에서부터 탁월한 경지에 이른 명인에 이르기까지, 발굴 유물을 통해 정리된 정돈 상태와 정신적인 의미에 이르면 피상적인 위험에 직면하게 된다. 이때 우리는 고대가 우리와 가까이 있어서 존중해야 한다는 선입견을 마침내 극복해야 한다. 왜냐하면 우리는 스스로가 고대의 제자이자 후계자라고 추측할 수 있었고 또한 사실상 고대를 숭배했기 때문이다. 19세기의 종교 철학적·예술적·사회 비평적 노동 연구 전체가 필요했던 까닭은 아이스킬로스Aeschylos의 극劇, 플라톤의 학설, 아폴론과 디오니소스, 아테네의 헌법, 카이사르주의를 이해하기 위해서가 아니라——그것은 우리의 행위와는 거리가 멀다——오히려 그것들이 내적으로 무한히 멀고 낯선 것이며 어쩌면 멕시코의 모든 신들이나 인도의 건축보다도 더 낯선 것일지도 모른다는 것을 느끼기 위해서였을 것이다.

고대 그리스·로마 문화에 대한 우리의 견해는 항상 두 극단 사이에서 동요하고 있다. 그리고 예외 없이 고대-중세-근대라는 도식이 모든 입장의 전망을 미리 정해놓고 있다. 첫 번째 견해는 경제학자, 정치가, 법률가와 같이 공적인 생활을 하는 사람들이 갖고 있는 것인데 오늘날의 인류가 최상의 진보를 이루었다고 여기고 이것을 가장 높이 평가하며 무엇이든 이것으로 초기의 것을 측정한다. 클레온Cleon, 마리우스Gaius Marius, 테미스토클레스, 카틸리나Catilina, 그라쿠스Gracchus 형제 등을 근본 원리로 삼지 않은 근대 정당은 없다. 두 번째 견해는 예술가, 시인, 문헌학자, 철학자 등이 품고 있는 것인데 그들은 의미 있는 현재에 거주하지 않으며 어떤 과거 속에서 절대적인 입장을 차지하고 그 입장에서 독단적으로 오늘을 부정한다. 한쪽은 그리스를 '아직 있지 않다'고 보고 다른 한쪽은 근대를 '더 이상 있지 않다'고 본다. 어느 쪽이나 두 시대를 서로 직선적 형태로 연결하는 역사상의 영향을 받고 있다.

이러한 대립에는 파우스트의 두 가지 정신이 구체화되어 있다. 한쪽의 위험은 총명한 천박함에 있다. 무엇보다 남아 있는 것은 고대 문화였고, 고대 정신의 반사였던 것들 가운데 결국 그들의 수중에 없는 사회적·경제적·정치적·생리적 사실뿐이다. 그 밖의 것은 '이차적인 결과', 반사, 수반 현상의 성질을 띤다. 그들의 책에서는 아이스킬로스의 합창이 가지는 신화적인 무게, 도리스식 기둥이나 가장 오래된 조소가 지니는 거대한 땅의 힘, 열렬한 아폴론 숭배, 로마 황제를 숭배한 깊이의 흔적을 찾아볼 수 없다. 한편 무엇보다도 시대에 뒤떨어진 낭만주의자, 이를테면 최근에는 바흐오펜Johann Jakob Bachofen, 부르크하르트Jacob Burckhardt, 니체 같은 바젤의 세 교수조차 모든 이데올로기가 지니는 위험에 굴복했다. 그들은 고대라는 구름의 영역에서 방황하고 있으나 고대는 다만 그들이 문헌적으로 정리한 감각의 거울에 비치는 상에 지나지 않는다. 그들은 고대 문학의 유물을 귀중하고 개별적인 증거로 여기고 그것을 믿는다——하지만 하나의 문화가 고대 문학의 저작자에 의해 결코 불완전하게 나타나지는 않는다.[27] 처음 한쪽은 주로 무미건조한 법률 문서,

비문碑文과 화폐 같은 자료를, 특히 부르크하르트와 니체는 그것들의 손상을 경멸했고, 그리고 남아 있는 문학을 종종 사실감과 진리감이 전혀 없다는 이유로 하위에 둔다. 따라서 우리는 비평적인 기초와 관련해 이 양자를 진지하게 받아들이지 않았다. 나는 니체와 몸젠이 서로에게 조금이라도 주의를 기울였는지 알지 못한다.

그러나 양자 어느 누구도 이러한 대립을 해소해주는 깊은 사려의 정점에는 도달하지 못했다. 그렇게 할 수도 있었을 텐데 말이다. 이로써 자연과학의 인과율을 역사 연구에 끌어들인 대가를 치른 셈이다. 우리가 모르는 사이에 물리학의 세계 표상을 피상적으로 모사하는 실용주의가 생겨났다. 이 실용주의는 역사라는 전혀 다른 종류의 형태어를 은폐하고 혼란스럽게 할 뿐 그것을 해명하지는 못한다. 우리는 대량의 역사 자료를 깊이 있게 계통적으로 해석할 때 한 덩어리의 현상을 일차적인 것, 즉 원인으로 정하고 나머지를 이차적인 것, 즉 종결 또는 결과로 다루는 것 외에 다른 좋은 방법을 알지 못한다. 이 방법에 의존하는 것은 실용파뿐만이 아니다. 낭만파도 이것에 의존했다. 왜냐하면 역사는 그 특유의 논리를 그들의 몽상적인 눈에조차 드러내지 않았기 때문이며, 또한 그들은 내적 필연성이 있다고 느끼고 있었는데 그 필연성을 확정하려는 요소가, 쇼펜하우어처럼 절망해 역사에 등을 돌리려 하지 않는 한, 지나치게 강했기 때문이다.

11

그러면 우리가 고대를 보는 방식, 즉 유물론적 방법과 관념론적 방법에 대해 논해보자. 유물론적 방법에서는 천칭의 접시 한쪽이 내려가는 원인이 다른 한쪽의 상승에 있다고 설명한다. 이러한 설명은 예외 없이 증명된다──의심할 여지 없이 훌륭한 증명이다. 이렇게 하여 여기에 원인과 결과가 있다. 게다가──당연한 것이지만──사회적·성적性的 사실이 원인이 되고 필요하다면 순수한 정치적 사실도 원인이 되며, 종교적·정신적·예술적 사실(유물론자가 궁극적으로 사실의 관계라 부르는 것을 용인하는 한에서)이 결과가 된다. 반대로 관념론자들은 천칭의 한쪽 접시의 상승이 다른 쪽이 하강한 데 대한 결과라고 증명한다. 그리고 그 증명 역시 정확하게 해낸다. 그들은 종교 의식, 신비, 관례에 몰두하고, 시구詩句나 시행詩行의 비밀에 몰두하며, 비속한 일상생활에 대해서는 세속적인 불완전성으로 일어난 고통스러운 결과로 간주하고 곁눈질도 하지 않는다. 양자 모두 인과 계열을 분명히 목전에 두고서, 다른 한쪽이 사물의 진실한 연관성을 분명히 보지 않거나 또는 보려고 하지 않는다고 논증한다. 따라서 그들은 결국 서로를 맹목적이고 천박하며 우둔하고 부조리하며 경박하고 기묘한 기인奇人이라거나 평범한 속인이라고 비난하기에 이른다. 누군가가 그리스의 경제 문제를 진지하게 다룰 때, 예를 들어 델피의 아폴론의 신탁神託의 의미 깊은 격언에 대해 논하는 대신에 신관神官이 자신에게 맡겨진 재화로 광범위하게 화폐를 운영한 것에 대해 논하게 되면 관념론자는 깜짝 놀란다. 그러나 정치가는 고대의 계급투쟁에 대해 현대적인 표어들로 가득 채워 넣은 책을 쓰는 대신에 종교적인 법식과 아테네 청년의 의복에 마음껏 감격하는 사람들에게 현명하게 미소 짓는다.

한 유형은 이미 페트라르카에게서 이루어졌다. 이 유형은 피렌체와 바이마르를 만들었고 르네상스라는 개념과 서양의 고전주의를 만들었다. 또 다른 유형은 18세기 중엽 이후에 문명화되고 경제적으로 대도시 정치의 시작과 함께, 즉 영국에서 처음으로 찾아냈다(그로트George Grote).[28] 이러한 근거로 두 유형 간에는 문화적 인간의 견해와 문명적 인간의 견해가 대립하고 있다. 이 대립은 너무 깊고 너무 인간적이어서 양쪽 입장의 약점을 감지할 수도 없고 나아가 극복할 수도 없게 한다.

유물론 역시 이런 점에 있어서 관념론적이다. 또한 유물론은 자신이 알지 못하는 사이에, 또 자신이 바라지 않았음에도, 자신의 견해를 자신의 소망에 의해 좌우되는 것으로 만들었다. 사실 우리의 훌륭한 인물들은 예외 없이 고대라는 상 앞에서 외경심으로 고개를 숙이며 개별적인 경우에 자유로운 비평을 삼간다. 고대 연구는 그 자유와 힘 속에서 언제나 어떤 종교적인 두려움에 의해 저지되고 연구의 성과는 애매한 것이 되고 만다. 하나의 문화가 또 다른 문화에 대한 추억을 추구하여 열렬히 숭배하는 것은 전 역사를 통틀어 유례가 없는 일이다. 우리가 1,000년에 걸쳐 경시되고 거의 무시되던 역사를 뛰어넘어 고대와 근대를 중세에 의해 관념적으로 연결하고자 했던 것도 르네상스 이후에 일어난 경건함의 표현이다. 우리 서유럽인은 고대인에게 우리 예술의 순수성과 독립성을 희생물로 바쳤다. 그러는 동안에 우리는 곁눈질만 하면서 뛰어난 원형을 만들어내고자 했다. 우리는 자기 정신의 깊숙한 곳에 가지고 있지 않거나 열망하는 것을 언제나 자기가 묘사한 그리스인과 로마인의 상 속에서 찾고 느꼈던 것이다. 어느 날 한 재치 있는 심리학자가 이러한 숙명적인 환영의 역사, 즉 우리가 고딕 시대 이래 항상 고대적인 것으로 숭배하던 것의 역사를 이야기할 것이다. 남방 최초의 희생물인 황제 오토Otto 3세로부터 최후의 희생물인 니체에 이르기까지 서양의 정신을 내적으로 이해하는 데 필요한 많은 것을 배울 만한 몇몇 문제가 있다.

괴테는 이탈리아 여행 중에 팔라디오Andrea Palladio의 건축물에 대해 감격에 차 말한다. 그러나 오늘날의 우리는 보다 진부한 그 건축 작품들을 회의적으로 생각한다. 그런 다음에 괴테는 폼페이를 보고 기묘하지만 절반쯤은 불쾌하게 느낀 인상을 이야기하며 솔직하게 불만을 표현한다. 고대 그리스 예술의 걸작품인 파이스툼과 세게스타의 신전에 대해서는 당황스럽고 무의미하다고 말할 뿐이다. 명백히 그는 고대가 원기 왕성하게 충분한 힘을 갖고 나타났을 때는 고대를 알아보지 못했다. 다른 사람도 모두 마찬가지다. 단지 그들은 고대의 것을 많이 보려고 하지 않았다. 그렇게 해서 그들은 고대에 대해 자신들이 지닌 내면의 상을 구해낸 것이다. 그들의 고대는 어떤 때는 그들 스스로 창조하고 자신들 심장의 피로 양육해온 '삶의 이상理想'의 배경이 되었고 자신들의 세계 감정을 담고 있는 그릇이며 환상이고 우상이었다. 그들은 서재와 문학 서클에서, 아리스토파네스Aristophanes, 유베날리스Decimus Junius Juvenalis, 페트로니우스 아르비테르Gaius Petronius Arbiter 등이 고대 대도시 생활에 대해 대담하게 묘사한 것에 감격하고, 남국南國의 먼지와 하층민, 혼란과 폭력, 동성애자나 창녀 등에 감격하고, 남근 숭배나 궁정의 난잡한 연회 등에 감격한다──그렇지만 오늘날의 세계도시에서 똑같은 현실에 직면하면 개탄하면서 코를 찌푸리며 이러한 방향을 돌린다. "도시에서 생활하는 것은 나쁘다. 그곳에는 욕정적인 것이 너무나 많다"라고 차라투스트라는 말했다. 그들은 로마인의 국가주의를 칭찬한다. 그러면서도 오늘날 공적인 사건에 접촉하는 것을 피하지 않는 자들을 경멸한다. 식자층은 로마의 토가와 프록코트, 비잔티움의 서커스와 영국의 스포츠 경기장, 고대의 알프스 도로와 오늘날의 대륙 횡

단 철도, 삼단 요선三段橈船과 쾌속 기선, 로마의 창槍과 프로이센의 총검, 궁극적으로 파라오가 건설한 수에즈 운하와 근대의 기사技師가 건설한 수에즈 운하조차도 자유로운 관점에서 확실하게 매혹시킬 줄 아는 매력을 지니고 있다. 증기 기관을 발명한 사람이 알렉산드리아의 헤론Hero of Alexandria이라고 하면 그들은 그제야 비로소 증기 기관을 인간적인 열정의 상징으로, 그리고 정신력의 표현으로 인정할 것이다. 그들은 페시누스 산의 대모신 숭배에 대해 이야기하지 않고 로마의 중앙난방 장치나 부기簿記에 대해 말하는 것을 모독으로 여긴다.

그러나 다른 유파는 이러한 것들 외에는 아무것도 보지 않는다. 그들은 그리스인을 더 확대하지 않고 자신들과 동일시함으로써 낯선 문화의 본질을 밝혀낼 수 있다고 믿는다. 그리고 결론을 이끌어낼 때는 고대 정신 일반과는 전혀 접촉하지 않은 채 동일시한 제도 속으로 끌어들인다. 따라서 그들은 공화국, 자유, 소유라는 말이 그때 거기서 의미했던 것과 지금 여기서 의미하는 것 사이에 아무런 내적 관련이 없다는 것을 전혀 알아차리지 못하고 있다. 그들은 괴테 시대의 역사가가 자신의 정치적 이상을 솔직히 표현하고 고대사를 저술하면서 리쿠르고스, 브루투스, 카토, 키케로, 아우구스투스 등의 이름을 들어 이들을 변명하거나 비난함으로써 개인적인 열광을 드러내는 것을 비웃는다. 그러나 그들 자신은 자신의 조간신문이 어떤 정파에 속해 있는지에 대한 견해를 고려하지 않고는 단 하나의 장도 쓰지 못한다.

그러나 우리가 돈 키호테의 눈으로 과거를 고찰하든 산초 판사의 눈으로 과거를 고찰하든 마찬가지다. 양쪽 모두 목적지에 이르지 못한다. 결국 그들은 각자 우연히 마주친, 자신의 견해에 가장 적합한 고대의 단편 하나를 정면에 내세워 동의하고 있는 것이다. 니체는 소크라테스 이전의 아테네를, 국민경제학자는 헬레니즘 시대를, 정치가는 공화정 시대의 로마를, 시인은 제정 시대의 로마를 받아들이고 있다.

종교적·예술적 현상이 사회적·경제적 현상보다 더 근원적이라고 할 수는 없다. 그 반대도 아니다. 여기에 언제나 어떠한 종류의 이해관계가 얽혀 있다 하더라도 개인적인 이해를 모두 떠나 조건 없는 자유로운 시야를 획득한 사람의 입장에서 보면 여기에는 어떤 종속도 우월도 없고 인과 관계도 없으며 가치와 중요성의 구별도 없다. 개별적인 사실들에 우열의 차이를 가져오는 것은 선과 악, 높고 낮음, 유용성과 이상을 넘어서 그 형식 언어의 순수성과 힘의 많고 적음이고 그 상징적 의의의 강도다.

12

이렇게 고찰해보았을 때 서구의 몰락이란 곧 '문명의 문제'로서, 그 밖의 것을 소홀히 취급한다는 것을 의미하지 않는다. 여기에는 수준 높은 모든 역사의 근본 문제 가운데 하나가 놓여 있다. 문화의 유기적·논리적 귀결로서, 또한 그 문화의 완성과 종결로서 문명이란 무엇을 의미하는가?

어떤 문화든 자신의 고유한 문명을 지니고 있다. 지금까지 막연하게 윤리적인 구별을 표명했던 이 두 낱말이 주기적週期的인 의미에서, 엄밀하고 필연적인 유기적 연속을 표현하는 데 사용되는 것은 이 책이 처음이다.

문명이란 한 문화의 불가피한 운명이다. 이로써 역사형태학이라는 최후의 그리고 가장 중대한 문제를 풀 수 있는 정점이 규명되었다. 문명이란 고도로 발전한 인간 종족에게서만 가능한 가장 외적이면서도 인공적인 상태다. 문명이란 종결이다. 문명은 이루어지는 과정 중 뒤따라서 생성된 것이고 생명 뒤에 오는 죽음이며, 팽창 뒤에 오는 경직이고 도리스 양식과 고딕 양식이 보여주듯 정신적 유년기에서 오는 토양이며, 지적인 노쇠기와 세계도시를 석화하는 석조로서의 토양이다.

문명이란 취소할 수 없는 하나의 종말이다. 그러나 문명은 가장 깊은 필연에 의해 몇 번이고 나타난다. 이 때문에 우리는 그리스인의 후계자로서의 로마인들을 이해하게 된다. 이러한 관점에 따라 비로소 후기 고대는 자신의 가장 깊은 비밀을 드러낸다. 그렇다면 로마인이 커다란 비상飛翔의 선구를 이끈 것이 아니라 그것을 종결시킨 야만인이었다는 것 ——우리가 이것을 반박하면 공허한 말이 될 뿐이다——에는 대체 어떤 의미가 있을까? 비정신적이고 비철학적이며 예술도 없고 잔인할 정도로 파벌적이며 끝까지 현실적인 결과를 추구하는 로마인은 고대 그리스 문화와 하찮은 것 사이에 있다. 아테네에는 실제적인 것만을 향하는 상상력이 결코 나타나지 않았다. 즉 로마인들은 신과 인간의 관계와 사적인 인간관계를 다루는 종교적 법률을 갖고 있었지만 독자적이고 순수하게 로마적인 신화는 하나도 갖고 있지 않았다. 요컨대 그리스는 정신적이고 로마는 지성적이었다는 것이다. 이것이 문화와 문명의 차이다. 그리고 이것은 고대에만 한정된 것이 아니다. 이렇듯 아주 강하고 지적이며 완전히 비형이상학적인 인간 유형은 몇 번이고 다시 나타난다. 모든 후기 시대의 정신적·물질적 운명은 이러한 인간들의 수중에 있다. 그들이 바빌론, 이집트, 인도, 중국, 로마의 제국주의를 완성했다. 그러한 시대에는 불교, 스토아주의, 사회주의가 성숙해 최종적인 세계 감정이 되고, 이 세계 감정이 인류의 모든 실재를 파악하여 꺼져가는 인류를 개조할 수 있다. 역사적 경과로서 순수한 문명이란 무기적無機的으로 되거나 사멸한 형식들의 단계적인 몰락이다.

문화에서 문명으로의 이행은 고대에는 기원전 4세기에, 서양에서는 19세기에 완성되었다. 그 이후 중대한 지적知的 결정은, 오르페우스 운동과 종교 개혁의 시대처럼 어떤 작은 마을도 중요하게 여기며 '전 세계'에서 살아가는 것이 아니라 역사의 모든 내용을 자기 내부로 끌어들인 서너 개의 세계도시에서 살아간다. 이들 세계도시에서 문화를 갖춘 땅은 모두 지방의 위치로 전락한 채 여전히 자신에게 남아 있는 보다 높은 인간성으로 이 세계도시를 양육하지 않으면 안 된다. 세계도시와 시골——모든 문명이 지닌 이 두 가지 근본 개념과 함께 새로운 역사 형식의 문제가 나타난다. 그리고 우리 현대인은 지금 전체적인 의미를 그다지 이해하지 못한 채 이 문제를 체험하고 있다.

어떤 세계를 대신하는 하나의 도시가, 즉 나머지 부분은 완전히 고갈되는 데 반해 광대한 지방들의 모든 생활이 집중되는 하나의 관점이 생겨나고, 형식으로 가득 찬 대지에 생사를 맡긴 민족 대신 새로운 유랑민과 기생물적인 대도시 주민이 생겨나고, 농민 생활(그리고 그것의 최고 형식인 시골 귀족)을 진정 혐오하는 무종교적이고 이지적이며 비생산적이고 전혀 전통이 없는 실제적인 인간이 무형식의 상태로 동요하는 큰 무리를 이루며 생겨난다. 무기적인 것을 향한, 그리고 종말을 향한 거대한 발걸음인 것이다——이것은 무엇을 의미하는가? 프랑스와 영국은 이 과정을 이루어냈고 독일은 이 길을 성취하려 하고 있다. 시라쿠사, 아테네, 알렉산드리아에 이어 로마가 그 뒤를 따랐다. 마드리드, 파리, 런던에 이어 베를린과 뉴욕이 뒤따른다. 그 당시의 크레타와 마케도니아나 오늘날의 스칸디나비아 북부 여러 나라들처럼 이들 대도시의 방사권 내에 있지 않은 모든 나라의 운명은 바로 지방이 되는 것이다.[29]

옛날에는 농민 계급(귀족과 승려)이 대지에 집착하는 정신과, 도리스와 고딕 초기의 오래되고 작은 유명한 도시들의 세계적인 파트리키우스적 정신 사이에서 한 기원의 이념을 형성하기 위한 싸움이 형이상학적·종교적 또는 教의적 성질을 띤 세계 문제를 토대로 하여 행해졌다. 그와 같은 예로는 디오니소스교를 둘러싼 싸움——이를테면 시키온의 클레이스테네스Cleisthenes of Sicyon[30] 폭군 치하의——, 그리고 독일 제국諸國의 도시를 둘러싼 종교 개혁과 위그노 전쟁 사이의 싸움을 들 수 있다. 그러나 이들 도시가 마침내 시골을 정복한 것과 마찬가지로——순수하게 국가적인 세계의식은 이미 파르메니데스Parmenides와 데카르트René Descartes에게서 나타난다——세계도시가 이 도시들을 정복한다. 이것이 이오니아와 바로크 같은 모든 후기 시대의 지적 과정이다. 인공적이고 낯선 대도시 알렉산드리아의 건설과 함께 시작된 헬레니즘 시대처럼 오늘날 시골 도시가 되어버린 이들

도시 문화——피렌체, 뉘른베르크, 살라망카, 브뤼헤, 프라하——는 세계도시의 정신에 대해 희망 없는 내적 저항을 시도하고 있다. 세계도시는 '고향'31이 아니라 세계주의이고 전통과 성숙에 대한 숭배 이전에 차가운 사실감이며 오래된 마음의 종교 대신에 화석으로서의 과학적 무종교이자 국가 대신에 사회를 뜻하고 관습법 대신에 자연법을 뜻한다. 세계도시는 다산적인 토지의 의미와 관계가 있으며, 본래의 생계비로서의 가치를 상실한 무기적·추상적 크기로서의 돈과 관계가 있다——이 점에서 로마인은 그리스인을 능가한다. 이때부터 탁월한 세계관은 돈의 문제이기도 했다.

그러나 재산을 근본 조건으로 삼은 것은 크리시포스Chrysippos의 그리스 스토아주의가 아니라 카토와 세네카Lucius Annaeus Seneca의 후기 로마의 스토아주의였다.32 그리고 20세기의 사회 윤리적 분위기는 18세기와 다르게, 직업적인——돈벌이하는——선동에 그치지 않으며 행동을 이끌어내려고 하는 한 대부호를 위한 것이 된다. 세계도시를 이루는 것은 민족이 아니라 대중이다. 전승된 것들을 모두 몰이해한 결과로서의 문화(귀족, 교회, 특권, 왕조, 예술에서의 전통, 과학에서의 인식 가능성의 한계) 극복, 농민의 현명함을 이기는 예리하고 차가운 지성, 성적性이고 사회적인 모든 것과 관련해 소크라테스와 루소Jean-Jaques Rousseau를 훨씬 뛰어넘어 원시인적 본능과 상태를 결합하려는 완전히 새로운 의미의 자연주의, 임금 쟁의와 스포츠 경기장의 모습으로 위장해 오늘날 재현되고 있는 '빵과 서커스panem et circenses', 이 모든 것은 최종적으로 종결된 문화이며 완전히 새롭고 말기적인, 미래가 없는 지방, 그러나 불가피한 인간 실존의 형식을 나타내는 것이다.

우리가 현실적으로 현대에 닥친 커다란 위기를 이해하고자 한다면——정당인政黨人이나 공론가나 시류 편승적인 도덕가의 관점으로 어떤 '입장'의 한 귀퉁이에서 관찰해서는 안 되며 무시간적 차원에서 수천 년에 걸친 역사적 형식 세계들을 보는 눈으로 관찰해야 한다.

삼두 정치를 행한 사람 중 하나이며 전능한 건축 부지 투기가였던 크라수스Marcus Licinius Crassus 치하의 로마에서는 갈리아인, 그리스인, 파르티아인, 시리아인으로 하여금 멀리에서도 전율을 느끼게 했던 로마 국민, 비명碑銘 위에서 과시하던 로마 국민이 빛이 들지 않는 교외의 여러 층짜리 연립주택 셋방33에서 비참하게 살았다. 그리고 군사적인 영토 확장의 결과를 무심하게, 또는 스포츠를 보듯한 흥미를 갖고 듣고 있었다. 원시 귀족 대가족의 다수, 즉 켈트인이나 삼니움인이나 한니발과 싸워 승리한 자들의 자손들은 추악한 투기에 가담하지 않았기 때문에 조상의 집을 버리고 비참한 셋집에 들어가 살아야 했다. 아피아 거리에는 오늘날에도 격찬받는 로마 부호의 무덤이 만들어진 반면에 국민들의 시체는 동물의 시체나 대도시 쓰레기와 함께 무서운 공동묘지 속에 집어던져졌다. 아우구스투스 시대에 이르러서야 그 장소에 악성 전염병을 예방하기 위한 흙이 쌓아 올려졌고 그 위에 마이케나스Gaius Maecenas의 유명한 공원이 조성되었다. 인구가 감소한 아테네는 외국인 관광과 (유대의 왕 헤롯과 마찬가지로) 부유한 외국인의 재단에 의존해서 살았다. 아테네에서는 로마에서 온 벼락부자 여행자들이, 마치 오늘날의 미국인이 시스티나 예배당을 방문해서 이해하지도 못하는 미켈란젤로의 예술 작품을 바라보듯이, 페리클레스 시대의 예술 작품을 이해하지도 못하는 채 입을 벌리고 바라보았다. 옮길 수 있는 작품들을 모두 다른 데로 가져가거나 엄청난 현지 값으로 매수하는 동안, 거대하고 오만한 로마의 건물들이 옛 시대의 심오하고 겸손한 구조물들 곁에 세워졌다. 이러한 사실은 역사가가 칭찬하거나 비난할 수 있는 것이 아니라 오히려 형태적으로 헤아려볼 수 있는 것이다. 보는 것을 배운 자가 보면 이 사실 속에는 하나의 이념이 직접적으로 나타나 있다. 왜냐하면 세계관, 정치, 예술, 학문, 감정들의 커다란 충돌은 모두 이러한 순간 대립의 징후를 보이기 때문이다. 문화화된 어제의 정치와 대립되는 문명화된 내일의 정치란 무엇인가? 그것은 고대에 수사학이었고 서양에서는 저널리즘이다. 게다가 이 두 가지 모두 문명의 위력을 대표하는 추상적 개념인 돈의 노예가 되고 있다.

이러한 배금 정신은 모르는 사이에 민족 존재의 역사적인 형식들에 침투하며, 종종 그 형식들을 조금도 변화시키거나 파괴시키지 않는다. 로마 국가는 오래된 스키피오 아프리카누스Scipio Africanus Major의 형식부터 아우구스투스의 형식에 이르기까지 정례적으로 받아들인 형식 이상으로 최고의 등급에 머물러 있었다. 그러나 대정당들만 결정적인 행동의 표면상 중심이 되었다. 당시에 모든 것을 결정하는 이들은 아마 그 순간에는 아주 저명하지 않지만 우수한 소수의 인재들이었을 것이다. 그러는 동안에 지방적인 표준의 반영으로 선출된 수많은 이류 정치가들, 즉 연설가와 호민관, 대의원과 신문 기자들은 민중의 자기 결정이라는 환영을 주장했다. 그리고 예술이란? 철학이란? 플라톤과 칸트 시대의 이상은 보다 수준 높은 인간들에게나 어울리는 것이었다. 즉 헬레니즘과 현대의 이상, 특히 사회주의와 내적으로 가까운 근친 관계에 있으며 생존 경쟁과 자연도태라는 비괴테적인 공식을 갖고 있는 다윈설說, 무엇보다 사회주의와 근친 관계에 있는 입센, 스트린드베리, 쇼George Bernard Shaw 등의 여성들과 결혼 문제, 무정부적 감성의 인상주의적 경향, 보들레르Charles Pierre Baudelaire의 서정시와 바그너Wilhelm Richard Wagner의 음악에 표현된 현대적 동경과 자극과 고통의 완전한 결합, 이것들은 농촌의 인간 또는 자연적인 인간의 세계 감정을 위해 존재하는 것이 아니라 궁극적으로 세계도시적 두뇌를 가진 인간을 위해 존재한다. 도시가 작아지면 작아질수록 이러한 회화와 음악의 활동이 점점 무의미해진다. 체육, 말 위에서의 창 시합, 현상懸賞 경기는 문화에 속하고 스포츠는 문명에 속한다. 그리스의 팔레스트라(체육장)와 로마의 키르쿠스(격투기장)도 이렇게 구별된다.[34]

예술 자체도 불합리한 기악적 음량과 화성적 장애를 처리하고 어느 색채의 문제를 선택하여 다룬다 하더라도 감식자와 구매자로 이루어진 수준 높고 지적인 대중 앞에서는 스포츠가 된다──이것이 '예술을 위한 예술'을 의미한다. 새로운 사실 철학은 형이상학적으로 사색하는 것에 대해 웃음만을 남길 뿐이지만 새로운 문학은 대도시 주민의 지능, 취미, 신경망의 욕구를 자극한다. 양자 모두 시골 사람에게는 이해하기 어렵고 난해한 것이다. 알렉산더의 시도 풍경 화가의 그림도 민중과는 아무 관계가 없다. 지금처럼 그 당시는 그런 전환기에 계속해서 발생하는 추문 사건을 특징으로 한다. 예를 들어 아테네인이 아폴로도로스Apollodoros의 혁명적인 회화와 에우리피데스Euripides에 대해 격분한 일은 바그너, 마네Édouard Manet, 입센, 니체에 대한 반항으로써 반복되고 있다.

그리스인을 이해하기 위해서는 그들의 경제적 관계를 말하지 않아도 좋다. 그러나 로마인을 이해하기 위해서는 경제 관계에 의거할 수밖에 없다. 카이로네이아 전투와 라이프치히 전투가 하나의 이념을 위한 마지막 투쟁이었다.

1차 포에니 전쟁과 스당 전투에서는 경제적 동기를 더 이상 간과할 수 없다. 실질적인 힘을 지닌 로마인은 처음으로 노예 소유에 엄청난 방식을 부여했다. 노예 소유가 고대의 경제, 입법, 그리고 생활 방식의 유형으로서 지배적이게 된 것인데, 어쨌든 노예 소유는 자유로운 임금 노동의 가치와 내적 품위를 매우 저하시켰다. 이에 상응해서 증기 기관을 토대로 국토의 면모를 변화시킨 대공업을 발달시킨 것은 서유럽과 아메리카의 게르만 민족이었지 라틴 민족이 아니었다. 1차 포에니 전쟁과 스당 전투에서 나타난 두 관계가 스토아주의와 사회주의에 대해 가지는 관계를 간과해서는 안 된다. 플라미니우스Circus Flaminius에게서 알려졌으며 마리우스에 이르러 비로소 형태를 이룬 로마의 카이사르주의는 고대 세계 내에서 처음으로 돈의 우월함을——강한 정신을 지닌 대규모적 사실인事實人이——가르쳤다. 이러한 사실을 모른 채 카이사르나 로마의 기질은 결코 이해할 수 없다. 그리스인에게는 모두 돈키호테의 기질이 있으며 로마인에게는 모두 산초 판사의 특질이 있다——물론 그들의 이면에는 그 밖의 성질도 있다.

13

　로마의 세계 지배는 소극적인 현상이며 한쪽 힘이 과잉——로마인이 자마 전투 이후에는 더 이상 가지고 있지 않았던——된 결과가 아니라 다른 한쪽의 저항이 결핍된 결과다. 로마인은 결코 세계를 정복하지 않았다.[35] 로마인은 누구나 수중에 품을 수 있는 전리품을 획득했을 뿐이다. 로마제국의 성립은 옛날에 카르타고를 상대할 때처럼 모든 군사적·재정적 수단을 다 기울여서 이룬 것이 아니라 고대의 동방이 외부를 상대로 자기 결정을 포기하면서 이루어졌다. 우리는 휘황찬란한 군사적 성과라는 겉모습에 속아서는 안 된다. 루쿨루스Lucius Licinius Lucullus와 폼페이우스Gnaeus Pompeius Magnus는 훈련과 지휘가 모두 조잡하고 엉성한 약간의 군단으로 전 제국을 정복했다. 이는 입소스 전투 시대에는 생각할 수도 없는 일이었을 것이다. 미트리다테스 전쟁의 위험성은 물리적인 힘에서 진정한 시련을 겪지 않은 조직에게는 현실적으로 심각한 것이었지만 한니발을 상대로 승리를 거둔 자들에게는 아무것도 아니었을 것이다. 로마인은 자마 전투 이후에는 더 이상 강대국과 싸운 일이 없고 또한 싸울 수도 없었을 것이다.[36] 로마인의 고전적인 전쟁은 삼니움인과 피로스Pyrhos와 카르타고에 대한 것이었다. 로마인에게 중대한 시간은 칸나이 전투(한니발의 카르타고군이 로마군에게

대승을 거둔 전투)였다. 수세기에 걸쳐 숭고한 태도를 지켜온 국민은 없었을 것이다. 독일 국민은 1813년, 1870년, 1914년 이라는 중대한 시기를 겪었기에 다른 국민보다 숭고한 태도를 더 많이 갖고 있다. 나는 여기에서 제국주의가 종말의 전형적인 상징으로 해석되어야 한다고 적겠다. 즉 이집트, 중국, 로마 제국, 인도, 이슬람 세계 등과 같은 제국帝國들은 제국주의의 화석으로서——시체이고 무형체와 무정신의 인간 집단이며 역사의 커다란 폐물이다——수백 년, 수천 년 동안 잔존하고 있으며, 한 정복자의 손에서 다른 정복자의 손으로 진행되어왔다. 제국주의는 순수한 문명이다. 서양의 운명은 취소할 수 없는 이런 현상적 형식을 취한다. 문화인은 내부를 향해 힘을 쏟고 문명인은 외부를 향해 힘을 쏟는다. 그래서 나는 세실 로즈를 새로운 시대의 제일인자로 본다. 그는 보다 먼 서양, 게르만족, 특히 미래 독일의 정치 양식을 대표한다. "팽창이 전부다"라는 그의 말은 성숙된 모든 문명의 가장 고유한 경향을 나폴레옹적으로 재확인한 것이다. 이것은 로마인, 아라비아인, 중국인에게도 적용된다. 여기에는 어떤 선택의 여지도 없다. 여기서는 한 개인 또는 모든 계급이나 모든 국민의 의식적인 의지로 결정을 내릴 수 없다. 팽창하고자 하는 경향은 숙명적이고 뭔가 악마적이면서 거대한 것이어서, 세계도시적 단계에 들어선 후기 인간을 붙들어 억지로 그것에 봉사하게 한다. 그것은 인간이 원하든 않든, 또는 의식하든 않든 상관하지 않는다.37 생활이란 가능성의 실현이다. 그리고 두뇌를 가진 인간에게는 단지 외연적 가능성이 있을 뿐이다.38 아직 충분히 발전하지 못한 오늘날의 사회주의는 팽창에 반대하고 있지만 언젠가는 운명의 격렬함으로 가장 뛰어난 팽창 지지자가 될 것이다. 여기에서 이 정치의 형태어가──어떤 인간 부류의 직접적인 지적 표현으로서──어떤 깊은 형이상학적 문제를 건드린다. 즉 정신이란 팽창의 보완물이라는, 인과율의 무조건적 타당성으로 확인된 사실을 시사한다.

480년과 230년(고대 그리스·로마 시대로 따지면 대략 기원전 300~50년) 사이에 제국주의로 흐른 중국의 국가들은 실제적으로는 '진秦'39이라는 '로마적 국가'로 대표되고, 이론적으로는 철학자 장의張儀로 대표되는 제국주의의 원리[연형連衡]와 국가 연맹 사상에 투쟁했는데, 이러한 후기의 정치적 가능성과 인간에 대해 잘 알고 있던 심오한 회의주의자 왕후王詡, 鬼谷子의 많은 사상에 의존하는 것은 아주 가망 없는 일이었다. 장의와 연형 모두는 노자의 관념론과 정치 폐지론에 반대했다. 그러나 연형은 팽창하는 문명에 자연스럽게 접근하고 있었다.

로즈는, 비록 시기적으로 한참의 거리를 두고 있지만, 서양의 카이사르 유형의 첫 번째 선구자로 여겨진다. 그는 나폴레옹과 다음 세기의 강력한 권력자 사이에 위치한다. 플라미니우스가 알렉산드로스와 카이사르 사이에 위치하면서 기원전 232년 이래로 로마인으로 하여금 치살피나의 갈리아인을 정복시키고 로마의 식민지적 팽창 정책을 발동시킨 것과 마찬가지다. 엄밀히 말하면 플라미니우스는 한 개인이었고,[40] 국가 관념이 경제적 요인이라는 힘에 굴복한 시대에 국가를 지배할 영향력을 갖고 있었다. 이 사람이 로마에서는 확실히 카이사르의 반대편에 서 있던 제일인자였다. 그와 함께 국가 봉사의 관념이 끝나게 되었고 전통에 의지하지 않고 힘에만 의지하는 권력 의지가 시작되었다. 알렉산드로스와 나폴레옹은 낭만파이며 문명의 문턱에 있었지만 이미 문명의 차갑고 맑은 공기를 마시고 있었다. 그러나 한 사람은 아킬레우스의 역할을 즐기고 있었고 다른 한 사람은 베르테르를 읽고 있었다. 카이사르는 단지 엄청난 이해력을 지닌 실제인에 불과했다.

그러나 이미 로즈는 결실을 맺은 정치란 개별적인 영토적·재정적 성공뿐이라고 이해하고 있었다. 이것이 그에게 있던 로마적 성향이고, 그도 이러한 사실을 아주 잘 알고 있었다. 그러나 서유럽 문명은 아직 이러한 힘과 순수함 속에 구체화되어 있지 않았다. 그는 자신의 지도를 앞에 놓았을 때만 일종의 시인적 황홀감에 빠져들 수 있었다. 청교도 목사의 아들인 그는 무일푼으로 아프리카에 가서 엄청나게 재산을 불린 뒤에 그것을 자신의 정치적 목적에 사용했다. 희망

봉에서 카이로까지 아프리카를 종단하는 철도를 놓는다는 발상, 남아프리카 제국을 수립하겠다는 계획, 강철 같은 돈을 가진 자가 광산 부호의 재산을 장악해 자기 마음대로 이용하려는 정신적 수완, 국가와 정의定義를 내린 관계도 갖고 있지 않은 전능한 정치가인 그가 미래의 거처로서 제왕 같은 표준하에 설계한 수도 불라와요, 그의 전쟁, 그의 외교 활동, 그의 도로망, 그의 노동조합, 그의 군대, 문명에 대한 두뇌 인간의 커다란 의무에 관한 그의 개념──이 모든 것들은 웅대하고 숭고하며 서구인의 역사와 함께 결정적 결말이 되어야할 미래, 즉 아직 우리에게 닥치지 않은 미래의 전주곡이다.

이 결말에는 전혀 변동이 없다는 것, 우리가 이 결말을 바라거나 바라지 않으면 안 된다는 것, 이 운명을 사랑하든지 아니면 미래의 인생에서 절망하지 않으면 안 된다는 것, 이러한 강력한 지능 활동 속에서, 금속 같은 본성의 정력과 단련 속에서, 가장 차갑고 추상적인 수단을 가지고 벌이는 싸움 속에서까지도 장대함을 느끼지 못하는 자, 시골 사람이 지니는 이상주의를 가지고 돌아다니며 지난 시대의 생활양식을 구하는 자──이러한 자는 누구든 역사를 이해하고 역사 속에서 살며 역사를 창조하는 것을 단념하지 않으면 안 된다.

이런 관점에서 로마 제국은 더 이상 한 번에 그치는 현상이 아니고 냉엄하고 정력적이며 세계도시적이고 현저히 실천적인 정신의 소산이자 이미 몇 번인가 존재한 바 있으나 오늘날까지 동일시된 적이 없는 전형적인 결말 상태다. 궁극적으로 역사 형식의 비밀은 표면에 존재하지 않으며 의상이나 무대의 유사함으로는 이해할 수 없다. 또한 동물과 식물의 역사처럼 인간의 역사에도 아무런 내적 근친 관계 없이 기만적인 유사 현상을 드러내는 사례——예컨대 샤를마뉴와 하룬 알 라시드Hārūn al-Rashīd, 알렉산드로스와 카이사르, 게르만의 대對로마 전쟁과 몽골의 서양 침입 등——가 있다. 하지만 트라야누스Marcus Ulpius Trajanus와 람세스 2세Ramses II, 부르봉가와 아티카의 데모스, 마호메트와 피타고라스Pythagoras 등과 같이 외적으로 매우 다르지만 동일한 것을 표현할 수 있기도 하다. 우리의 견해에 의하면 추측하건대 19세기와 20세기는 직선적으로 상승하는 세계사의 정상으로 간주되지만, 사실은 성숙해서 종말에 이른 문화들에서 입증되는 오래된 단계에 속한다. 19세기와 20세기는 그 시대의 몸체 일부를 구성하고 있는 사회주의자, 인상파, 전차, 어뢰정, 미분 방정식 등에 의해서가 아니라, 문명화된 정신이 이것들뿐 아니라 다른 외적인 형성 가능성들도 소유하고 있기 때문에 이렇게 인정하는 것이다. 즉 현대는 어떤 조건하에서 분명히 생겨나는 하나의 과도기를 보여준다. 따라서 오늘날의 서유럽 상태 뒤에 오는 확정된 상태 역시 존재한다. 그 상태들은 과거의 역사에서 이미 한 번 이상 존재했었다. 그렇기 때문에 서양의 미래는 현재 우리의 이상적인 방향을 향해 나아가거나 상상적인 시간의 경과에 따라 무한히 상승하고 전진하는 것이 아니라 형식과 영속에 있어서 엄격히 한정되고 불가피하게 확정된 몇몇 영역의 세기에 걸친 역사의 개별적인 결과다. 이 결과는 제시된 실 들을 통해 개관될 수도 있고 근본적인 특징으로 산정될 수도 있다.

14

이렇게 높은 차원에서 관찰하면 결과가 저절로 얻어진다. 근대의 지성이 종교 연구, 예술사, 인식 비판, 윤리, 정치, 국민 경제의 모든 영역에 걸쳐 수십 년간 정열적으로 현대의 지성을 활동하게 해왔는데 궁극적으로 성과를 이루어내지 못한 개개의 문제들은 이러한 사상에 의해 결론이 나고 이러한 사상에 의해 무리 없이 해결된다.

이러한 사상은 일단 충분히 명료하게 이야기되면 더 이상 논쟁할 여지가 없는 진리가 된다. 즉 서유럽 문화와 세계 감정의 내적인 필연에 속하게 되는 것이다. 이 사상은 이것을 완전히 이해한 사람, 즉 이것을 내면에서 자기 것으로 이해한 사람의 인생관을 근본적으로 바꾸는 힘을 지니고 있다. 이것은 우리에게 자연적이고 필연적인 세계상이 강력하게 심화됨을 의미한다. 우리는 우리가 보아온 세계사의 발전 속에 있고 오늘날까지의 과거를 돌아보고 과거를 유기적인 전체로서 고찰하는 법을 배웠다. 이러한 고찰은 미래에 대해서도 대규모로 추구할 수 있다. 이는 지금까지 물리학자만이 꿈꾸고 있던 계산이다. 다시 한번 되풀이해 말하자면, 이것은 역사에 있어서 프톨레마이오스적인 견해를 바꾸는 것, 즉 생활 지평이 헤아릴 수 없이 확대됨을 의미한다.

지금까지는 각자가 원하는 것을 자유롭게 미래에게 기대할 수 있었다. 실제적인 일이 없는 곳에서는 감정이 지배한다. 그러나 장래에 운명의 변하지 않는 필연성과 함께 발생하는 것은 발생된 것, 즉 개인적인 이상, 희망, 원망과 전혀 관계가 없음을 체험하는 것이 각자의 의무가 될 것이다. 자유라는 의미심장한 말을 사용해 이야기해본다면 이것을 실현할 것인가 저것을 실현할 것인가 하는 문제는 우리에게 더 이상 자유로운 것이 될 수 없으며, 필연성을 실현할 것인가 아니면 아무것도 실현하지 않을 것인가 하는 문제도 자유로운 것이 될 수 없다. 이것을 '선善'이라고 느끼는 것은 실제인의 특징이다. 그러나 이러한 감정을 슬퍼하고 비난한다고 해서 이 감정이 변화되지는 않는다. 출생에는 죽음이 따르고, 청춘에는 노년이 따르며 생명 일반에는 생명의 형태와 예정 수명의 제한이 따른다. 현대는 문명의 시대이지 문화의 시대가 아니다. 이에 따라 생활 내용의 대부분이 불가능한 것이

되어버린다. 우리는 이것을 탄식하고, 이러한 탄식은 염세적인 철학과 서정시로 표현된다——장래에도 그럴 것이다. 그렇지만 우리는 그것을 결코 바꿀 수 없을 것이다. 만약 우리가 이 역사적 경험에 분명히 이의를 제기한다면 우리가 바란다고 해서 출생 혹은 전성기를 자신만만하게 오늘과 내일에 받아들이는 일은 더 이상 허용되지 않을 것이다.

미래의 윤곽과 방향에 이렇게 확실성을 부여하고 광대한 희망을 잘라내는 세계관이 단순한 이론에 그치지 않고 현실적으로 미래를 형성하는 인간군에 의해 실제적인 세계관이 될 경우, 이것은 생활에 적대적인 것이 되고 많은 사람에게 숙명적인 것이 된다는 반대론은 내가 예상하는 바다.

나의 의견은 이와 다르다. 우리는 문명화된 인간이지 고딕 시대나 로코코 시대의 인간이 아니다. 우리는 후기 생활의 가혹하고 격렬하고 냉혹한 사실을 고려해야 한다. 후기 생활은 페리클레스의 아테네가 아니라 카이사르의 로마와 유사하다. 서구인에게는 큰 그림과 큰 음악과 관련해서는 더 이상 어떤 문제도 있을 수 없다. 서구인의 건축상의 가능성은 최근 백 년 동안 고갈되어버렸다. 서구인에게는 단지 외연적 가능성만이 남아 있을 뿐이다. 그러나 나는 무한한 희망으로 부풀어 있는 유망한 시대가 그 희망의 일부가 헛된 것으로 돌아가야 한다는 것을 일찍부터 알게 될 경우에 발생할지도 모르는 불리함을 파악하지 못했다. 그 희망이 최고로 귀중한 것이라면 어느 정도 가치를 지닌 사람은 그 불리함을 극복한다. 서구인이 중대한 시절에 건축, 연극, 회화 분야에서 더 이상 얻을 수 있는 것이 없다는 확신에 사로잡힌다면 이는 확실히 각자에게 비극적인 종말이라고 할 수 있다. 그러면 서구인은 몰락해갈 수 있다. 우리의 이제까지의 일치된 견해에 따르면 그 분야들에서는 어떤 제한도 인정되지 않았다. 우리는 각각의 시대에 각 분야에서 자신의 임무를 갖고 있다고 믿었다. 우리는 폭력을 동원한 비열한 양심을 갖고 그 임무를 찾아내야만 했다. 그리고 그 신념이 정당했는지, 한 생애의 노동이 꼭 필요했는지 아니면 과도했는지는 서구인의 사후에야 비로소 밝혀졌다. 그러나 각자가 단순한 낭만파가 아닌 한 누구라도 이러한 핑곗거리를 거부할 것이다. 이것은 로마인을 두드러지게 하는 긍지가 아니다. 우리가 먼저 파내지 않은 풍부한 광맥이 있다고 말한다면 로마인은 어떻게 하겠는가? 여기에서 내일 새 광맥에 착수하게 될 것이다──한순간의 예술이 로마인에 의해 매우 옳지 않은 양식을 형성하고 있는 것이다──풍부한 점토층을 입증하는 것 외에 그 무리에게 무엇이 있겠는가──나는 이러한 교훈을 제시하는 것이 다가오는 세대에게 친절한 행위라고 고찰했다. 왜냐하면 이 교훈은 그들에게 무엇이 가능하고 무엇이 필연적인지를 가르치며, 또한 시대의 내적인 가능성에 속해 있지 않은 것이 무엇인지를 보여주기 때문이다. 믿을 수 없을 만큼 막대한 정신과 힘이 오늘날까지 잘못된 방향으로 낭비되어왔다. 서구인은 아무리 역사적으로 생각하고 느껴도 어떤 연령에서는 결코 자기 본래의 방향을 의식하지 못한다. 서구인은 외적인 동기가 유리하지 않다면 모색하고 탐색하고 방황한다. 이제 마침내 서구인은 수백 년에 걸친 노동에 의해 자기 생활의 상태를 문화 전체와 관련시켜 그 가능성을 관조하고 시도할 수 있으며, 자신이 무엇을 할 수 있을 가능성, 무엇을 마땅히 해야 할 가능성을 얻게 된다. 새로운 시대의 사람들이 이 책에 감동해 서정시 대신에 기술로, 그림 대신에 바다로, 인식 비평 대신에 정치로 방향을 돌린다면 나는 내가 바라는 바가 이루어졌다고 말해도 좋을 것이다. 그리고 그들에게는 그것으로 충분하다.

15

모든 문화는 세계사의 형태학적 관계를 철학으로 확정한다. 진정한 역사 고찰은 참된 철학이다. 그렇지 않다면 그것은 그저 개미의 일에 불과할 것이다. 그러나 체계적인 철학자들은 자기 성과의 영속이라는 것과 관련해 중대한 오류를 범하고 있다. 그들은 어떤 사상이라도 하나의 역사적인 세계 속에 살아 있으며, 이에 따라서 일반적으로 사멸해야 하는 운명에서 벗어날 수 없다는 사실을 간과하고 있다. 그리고 그들의 보다 높은 사상은 영원불변의 대상을 가지고 있고 커다란 문제들은 어떤 시대에나 동일하며 그래서 그 문제들은 언젠가는 결국 하나의 해답을 얻을 수 있다고 생각한다.

그러나 여기에서 질문과 대답은 하나다. 그리고 커다란 문제들은 그 문제들에 대한 명확한 대답들이 벌써부터 열렬히 요구되며, 따라서 그 문제들이 단지 생명의 상징으로서 의미를 갖는다는 사실에 불과하게 된다. 영원한 진리란 존재하지 않는다. 모든 철학은 해당 시대의 표현이며, 해당 시대만의 표현이다. 그리고 우리가 철학이라는 말로써 의미하는 것이 판단 형식이나 감정의 범주 같은 것에 대한 하찮은 것이 아니라 현실적인 철학을 논의해야 하는 것이라면, 동일한 철학적 의향을 갖는 두 시대는 존재하지 않는다. 불후의 학설과 사라져가는 학설 사이에 구별이 있는 것이 아니라 어느 시기 동안 살아 있는 학설과 결코 살아 있지 않은 학설 사이에 구별이 있는 것이다. 이미 이루어진 사상의 불멸성이란 하나의 환상이다. 근본적인 것은 그 사상으로 표현된 것이 어떤 종류의 인간인가 하는 것이다. 그 인간이 위대하면 위대할수록 그 철학은 진리에 더욱 가까워진다. 즉 그러할 때 철학은, 어떤 위대한 예술 작품을 통해 진리의 몇몇 요소들에 대한 모든 증거, 또는 그 요소들의 양립성에 대한 모든 증거를 넘어서게 되는 내적 진리를 갖추게 된다.

정점에 이른 철학은 한 시대의 전체 내용을 모두 빨아들이고 그것을 자기의 내부에 실현하며 그런 다음 그것을 어떤 커다란 형식과 인물로 구체화함으로써 점점 더 발전할 것이다. 어떤 철학이 채택한 과학이라는 의상과 학자인 체하는 가면은 여기에서 아무것도 결정하지 못한다. 사상을 빈곤하게 만드는 데 있어 체계를 세우는 것보다 더 간단한 것은 없다. 그리고 좋은 사상도 바보가 말을 꺼내면 무가치하다. 오직 생명에 대한 필연성만이 학설의 등급을 결정한다.

그렇기 때문에 나는 사상가에게 적용되는 안목은 그의 시대의 큰 사실들에 대한 관점에서 좌지우지된다고 본다. 오직 이것만이 그가 단순히 체계와 원리의 숙련공에 불과하지는 않은지, 다만 재치와 박식함으로 정의定義와 분석을 일삼고 있지는 않은지, 그의 저작과 직관에서 울려 나오는 것이 그의 시대의 영혼인지 아닌지를 결정지을 수 있다. 현실조차 파악하지 못하고 지배하지 못하는 철학자는 결코 일류가 될 수 없다. 소크라테스 이전의 철학자는 대상인과 대정치가였다. 플라톤은 시라쿠사에 자신의 정치사상을 실현하려는 열망에 거의 전 생애를 바쳤다. 그래서 플라톤은 일련의 기하학적 공리를 발견했고 덕분에 에우클레이데스Eucleides는 고대의 수학 체계를 세울 수 있었다. 니체가 단지 "파괴된 기독교도"로밖에 인정하지 않았던 파스칼Blaise Pascal과 데카르트, 라이프니츠 등은 그들 시대의 일류 수학자이고 기술자였다.

관자(管子, 기원전 670년경)부터 공자(기원전 550~478)에 이르기까지 중국의 위대한 '소크라테스 이전의 철학자'는 피타고라스와 파르메니데스, 홉스Thomas Hobbes와 라이프니츠처럼 정치가이고 통치자이며 입법자였다. 모든 국가 권력과 대정치에 반대하고 작은 평화적 협동체에 열광한 노자에게 이르러서는 강단 철학과 서재 철학이라는 은둔과 무위無爲가 나타났다. 그러나 노자는 중국의 앙시앵 레짐(구체제)에 해당하는 그 시대에, 인식론이 실제 생활의 중요한 관계들에 대한 지식을 의미한다는 강건한 철학자 유형에는 예외적인 존재였다. 그리고 여기에서 나는 최근의 모든 철학자들에 대해 강력하게 이의를 제기하는 바다. 그들에게 결여되어 있는 것은 현실 생활에서 보이는 결정적인 입장이다. 그들 중 어느 누구도 차원 높은 정치, 근대 공업 기술의 발전, 교통 문제, 국민 경제의 발전과 같은 일종의 커다란 현실에 단일한 행위와 단일하고 강한 사상으로 결정적으로 관여한 자는 없었다. 그들 중 어느 누구도 수학, 물리학, 국가학Staatswissenschaft에 칸트만큼도 관여하지 않았다. 이것들이 다른 시대에는 어떤 의미를 가졌는지 잠깐 훑어보자. 공자는 여러 차례 재상이 되었다. 피타고라스는 오늘날의 고대 연구자들에게 중요성을 인정받지 못하는[41] 크롬웰Oliver Cromwell의 것과 유사한 어떤 중요한 정치적 운동의 기획자였다. 괴테는 대신大臣의 직무 집행에 모범적이었지만, 유감스럽게도 그 활동 범위에 원대한 국가관이 결여되어 있었다. 그렇지만 그는 수에 즈와 파나마 운하의 개통에 관심을 가졌고 이들 운하의 실현 시기를 내적으로 정확히 예견했으며 이것들이 세계 경제에 미치는 영향에 관심을 가졌다. 또한 그는 미국의 경제생활과 그것에 대한 구舊유럽의 반응, 막 발흥하는 기계 산업의 문제 로 끊임없이 분주했다.

홉스는 남아메리카를 영국 것으로 만든다는 웅대한 계획 을 발안한 이들 가운데 한 사람이었고, 비록 그 당시 자메이 카를 점령하는 데 그치긴 했지만 영국 식민 제국의 건설자라 는 명예를 얻었다. 서구 철학에서 가장 위대한 정신이자 미 분과 위상 수학의 창시자인 라이프니츠는 보다 수준 높은 정 치의 모든 계획에 참여했고 독일의 정치적 해방을 위해 루 이 14세에게 보내는 건의서를 기초했으며 그 안에서 프랑스 의 세계 정책이 지니는 이집트의 의미를 설명했다. 그의 생 각이 그 시대(1672)보다 훨씬 앞선 것이었음은 훗날 나폴레 옹이 동방 원정 때 이 생각을 활용한 점에서 알 수 있다. 나 폴레옹은 바그람 전투 이래 라인 강과 벨기에의 획득이 프랑 스의 위치를 항구적으로 호전시킬 수 없으리라는 것, 또 수 에즈 지협이 언젠가 세계 지배의 열쇠가 되리라는 것을 점점 더 분명히 깨닫게 되었는데, 라이프니츠는 일찍이 이 원리를 알아보았던 것이다. 의심할 나위 없이 루이 14세는 라이프니 츠의 그 깊은 정치적·전략적 구상을 당해내지 못했다.

이러한 유형의 사람들에게서 눈을 돌려 오늘날의 철학자들을 보면 부끄러울 정도다. 인물은 얼마나 왜소하고 정치적·실제적 시야는 얼마나 평범한가. 그들 가운데 한 사람을 선택해 정치가로서, 외교가로서, 대양식의 건설자로서, 어떤 커다란 식민지적·상업적 또는 교통사업의 지도자로서 그 지적 탁월함을 발휘하게 한다면, 이런 생각만으로도 연민의 정이 느껴지니 어찌 된 일인가. 이러한 부족함은 그들이 내적인 깊이를 지니고 있음을 뜻하는 것이 아니라 단지 그들에게 무게가 없음을 뜻할 뿐이다. 나는 그들 중에 결정적인 시대 문제에 대해 깊은 선견지명이 있는 판단을 내리고 그로써 명성을 떨친 자가 있는지 둘러보지만 헛된 일이다. 누구나 갖고 있는 시골 사람의 의견밖에 없다. 나는 근대 사상가의 책을 손에 들 때마다 세계 정치와 세계도시와 자본주의의 현실에 대해, 국가의 장래에 대해, 기술과 문명의 종말의 관계에 대해, 러시아 문제에 대해, 과학에 대해 그가 어떤 생각을 갖고 있는지 자문해본다. 괴테라면 이것을 모두 이해했을 것이고 이것에 몰두했을 것이다. 그러나 현존하는 철학자 가운데 이것을 이해할 수 있는 사람은 한 사람도 없다. 다시 한번 말하는데 현실 감각은 어떤 철학의 내용을 말하는 것이 아니라 그 철학의 내적 필연, 다산성多産性, 상징적인 중요성이 지니는 명백한 징후를 말한다.

이 부정적인 결과의 파장과 관련하여 실망해서는 안 된다.

이는 분명 철학 활동이 갖는 최후의 의미가 실종된 것이다. 철학이 설교나 선동, 신문 연재소설이나 전문 과학과 구별되지 않는다. 사람들이 새의 시야에서 개구리의 시야로 전락했다. 다른 경우를 들면 '최근 철학 사상의 약진'이라는 구실 아래 낡아빠진 제목을 반추하기보다는 원예가나 기사技師가 되어 무엇이든 진실하고 현실적인 일을 하는 것이 좋을 것이다. 또한 통각에 관한 새로운 이론을 만들고 쓸모없는 이론을 구성하기보다는 항공기 엔진을 만드는 것이 좋을 것이다. 게다가 의지의 개념이나 물심평행론物心平行論에 대한 이전의 수백 명의 선배들의 견해를 조금 다른 말로 한 번 더 반복하는 일은 정말 가련한 생활의 내용이다. 그것은 하나의 직업이라 해도 좋다. 그러나 철학은 아니다. 시대의 모든 삶에 대해 그것의 가장 깊은 밑바닥에서 파악하지 않고 거기에 영향을 주지도 않는 사항은 입 밖에 내서는 안 된다. 그리고 어제도 가능했던 것이 적어도 오늘까지 필연적인 것은 아니다.

나는 수학 이론과 물리학 이론의 깊이와 세련됨을 좋아한다. 이에 비하면 미학자나 생리학자는 무능한 인간에 불과하다. 나는 오늘날 회화와 건축을 포함한 미술 공예의 모든 잡동사니 양식보다는 쾌속 기선, 철강 제품, 정밀 기계와 같이 훌륭하고 분명하며 대단히 지적인 형식들, 확실한 화학적·광학적 과정들의 미묘함과 전아함을 취한다. 나는 로마에 있는 모든 신전과 조상彫像들보다 로마의 수로 하나를 더 좋아한다. 나는 콜로세움을 사랑하고 팔라틴 예배당의 거대한 둥근 천장을 사랑한다. 왜냐하면 그것들은 오늘날에도 그 벽돌 건축의 갈색 덩어리를 통해 진정한 로마의 기질과 로마 기술자의 사실감을 대규모로 보여주기 때문이다. 반면에 나는 로마 황제들의 공허하고 점잔 빼는 대리석 건물 외관, 늘어선 그들의 조상彫像들이나 프리즈(조각을 한 작은 벽)나 지나치게 엄숙한 처마 끝 등이 오늘날까지도 보존되어 있는지 여부에 대해서는 관심이 없다. 차라리 황제 광장들의 재건을 보는 편이 낫다. 그 재건축물들은 진정 근대의 만국박람회를 방불케 하는 뻔뻔스럽고 거대하고 공허한 것이며 재료와 규모에 있어서도 페리클레스 시대의 그리스인이나 로코코 사람들과 마찬가지로 아주 헛된 과시다. 이는 룩소르나 카르나크의, 기원전 1300년 람세스 2세 시대의 유적지에 펼쳐져 있는 이집트의 근대가 보여준 헛된 과시와 같다. 순수한 로마인이 로마 문명의 토양 위에서 발견하는 '가련한 그리스 배우', 즉 '예술가', '철학자'를 경멸한 데는 이유가 없지 않았다. 예술과 철학은 더 이상 로마 시대의 것이 아니었다. 예술과 철학은 고갈되고 진부해졌으며 쓸모없는 것이 되었다. 로마인의 삶의 현실에 대한 순수한 본능이 그들에게 그렇게 말해주었다. 로마의 법률은 당시의 서정시와 강단 형이상학 전부보다 중요했다. 그래서 나는 오늘날에 보다 뛰어난 철학자가 실험 심리학 같은 평범한 일을 하는 사람들 중에 숨어 있지 않고 수많은 발명가, 외교가, 재정가들 가운데 숨어 있다고 단언한다. 이러한 현상은 어떤 역사 단계에서든 거듭되어 나타난다. 정신적으로 우수한 어떤 로마인이 집정관이나 행정관이 되어 군대를 통솔하고 한 지역을 통치하며 도시와 도로를 건설하거나 로마에서 '제1인자'가 되는 대신에 아테네나 로도스에서 후기 플라톤학파 철학의 어떤 새로운 변종을 고안해 내려 한다면 그것은 무의미한 일이 되었을 것이다. 물론 누구도 그 같은 일을 하지는 않았다. 그런 일은 시대의 추세에 맞지 않았고 그래서 그 일이 무엇이든지간에 지난날의 시대정신으로까지 돌진해가는 삼류 인간들만을 끌어들일 수 있었다. 이러한 연구가 우리에게 이미 시작되었는지 아닌지는 대단히 중대한 물음이다.

고도의 예술적·형이상학적 산물을 제외하고 순수하게 외연적인 활동으로 채운 한 세기——간단히 말하면 세계도시적이라는 개념과 완전히 일치하는 비종교적인 시대——는 쇠퇴의 시대다. 틀림없다. 그러나 이러한 시대를 우리가 선택한 것은 아니다. 우리가 페이디아스 시대나 모차르트 시대 같이 성숙한 문명의 정상에서 태어나지 않고 최고도에 이른 문명의 초겨울에 인간으로 태어난 것은 어쩔 수 없는 일이다. 모든 것은 이러한 상태, 이러한 운명을 분명하게 보느냐 아니냐에 달려 있으며, 또한 운명과 관련해 자신을 속일 수는 있지만 운명을 피할 수는 없음을 우리가 이해하느냐 아니냐에 달려 있다. 이것을 용인하지 못하는 자는 당대의 한 인간으로 간주되지 않는다. 그런 자는 바보이거나 협잡꾼이거나 현학자다.

그러므로 우리는 오늘날 하나의 문제에 접근하기에 앞서 오늘의 인간에게 가능한 것이 무엇이며 금지되어야 하는 것은 무엇인지를 물어야 한다——이것은 굉장히 사명감 있는 사람이 본능적으로 이미 대답한 물음이다. 어떤 사유의 신기원에 대해 답을 얻기 위해 유보하는 형이상학적 문제들은 항상 극히 소수다. 그리고 낭만주의 최후의 한 특징이 아직 작용하던 니체의 시대와 모든 낭만적인 것과 결정적으로 결별한 현대 사이에는 이미 하나의 전 세계가 자리 잡고 있다.

체계적인 철학은 18세기의 종말과 함께 완성되었다. 칸트는 그러한 철학이 가지는 훌륭한 가능성들을 위대한, 그리고——서양 정신에 대하여——최종적인 형식으로 만들어냈다. 칸트에 뒤이은 것은 플라톤과 아리스토텔레스에 뒤이은 것에서도 나타났듯이 특히 대도시적인 철학, 즉 사변적이지 않고 실용적이며 비종교적이고 윤리-사회적인 철학이었다. 이 철학은 중국 문명의 에피쿠로스주의자 양주(楊朱, 양자), 사회주의자 묵적(墨翟, 묵자), 비관주의자 장자莊子, 실증주의자 맹자孟子 등의 학파들에 상응하고 고대 그리스·로마 문명에서는 견유학파, 키레네학파, 스토아학파, 에피쿠로스주의자에 상응하며 서양에서는 쇼펜하우어와 함께 시작되었다. 쇼펜하우어는 먼저 '살아가고자 하는 의지'('창조적인 생명력')를 그의 사상의 중심으로 세웠다. 그러나 그의 학설에는 한층 깊은 경향이 커다란 전통의 영향으로 인해 감추어져 있었고, 또한 현상과 물자체物自體와 직관의 형식과 내용, 이성과 오성에 대한 낡아빠진 구별이 담겨 있었다. 이 같은 창조적인 생명 의지는 '트리스탄' 속에서 쇼펜하우어적으로 부정되고 '지크프리트' 속에서 다윈적으로 긍정되었으며, '차라투스트라' 속에서 니체에 의해 찬란하게 극적으로 형식화되었고 헤겔주의자인 마르크스를 국민 경제로 이끌고 멜서스주의자인 다윈을 어떤 동물학적 가설로 이끌었으며——이 양자는 자신도 모르는 사이에 함께 서구 대도시 주민의 세계 감정을 변화시켰다——, 헤벨의 '유디트'에서 입센의 에 로그에 이르기까지 같은 유형의 비극적인 개념들을 불러일으켰다. 그러므로 이 생명 의지는 진정한 철학적 가능성들을 모두 받아들였고 동시에 그 가능성들을 소진해버렸다.

체계적인 철학은 오늘날 우리에게서 무한히 먼 곳으로 떨어져 나갔다. 윤리적인 철학은 종말을 고했다. 오늘날 서양의 지성계에 남아 있는 것은 고대의 회의주의에 상응하는 제3의 가능성이다. 그것은 아직 잘 알려지지 않은, 역사적 비교형태학이라는 방법이다. 가능성은 곧 필연성이다. 고대의 회의주의는 무역사적이며 단순히 부정하는 것에 의해서 의심한다. 서양의 회의주의가 내적인 필연성이라면, 또 종말로 다가가고 있는 우리 정신태精神態의 상징이라면, 서양의 회의주의는 철두철미하게 역사적이 되어야 한다. 모든 것을 상대적인 것으로, 역사적인 현상으로 이해할 때 이 회의주의는 끝이 난다. 회의주의적인 행동은 심리적인 태도를 취한다. 회의적인 철학은 헬레니즘에서 철학에 대한 부정으로 등장했다. 즉 우리는 철학을 목적이 없다고 설명하지만 철학사를 결국 철학의 가장 진정성 있는 주제로 간주한다. 이것이 진정한 의미에서의 회의懷疑다. 그리스인이 자기 사상의 과거에게 미소를 보내는 동안에, 그리고 우리가 그 과거를 유기체로서 이해하는 동안에, 절대적인 관점은 포기되는 것이다. 이 책에서 시도하려는 것은 미래의 이 '비철학적 철학'——이는 서양 최후의 철학이 될 것이다——을 개괄하는 것이다. 회의주의는 순수한 문명의 표현이다. 그것은 지나간 문화의 세계상을 파괴한다. 회의주의의 성공은 낡은 모든 문제를 발생학적인 것이 되게 할 것이다. 존재하는 모든 것은 생성된 것이기도 하며 자연적이고 인식할 수 있는 모든 것은 역사적인 것에 근거한다. 현실적인 것으로서의 세계는 실현된 가능성으로서의 '나'에게서 발견되며 '언제'와 '얼마나 오래'도 '무엇'만큼이나 깊은 비밀을 갖고 있다는 확신은, 그것이 무엇이든 간에 모든 것은 살아 있는 어떤 것의 표현임에 틀림없다는 사실로 곧장 이어진다. 또한 인식과 평가도 살아 있는 인간의 행위다. 과거의 사상에 있어서 외부 현실은 인식의 산물이자 윤리적 평가의 원인이었다. 미래의 사상에 대한 인식의 산물과 윤리적 평가의 원인은 무엇보다 표현과 상징이다. 세계사의 형태학은 필연적으로 보편적인 상징주의가 된다.

이와 함께 일반적이고 영원한 진리를 소유하려는 보다 높은 사상에 대한 요구 또한 전락하고 만다. 진리는 어떤 특정한 인간에 대해서만 진리가 된다. 따라서 나의 철학 자체도 단지, 이를테면 고대의 정신이나 인도적인 정신이 아니라 서양적인 정신만의 표현이며 반영일 것이다. 그리고 오늘날 문명화된 과정이 그 세계관으로서의 내용과 실제적인 의의와 타당성의 범위를 규정한다.

16

마지막으로 개인적인 이야기를 하나 덧붙여도 되지 않을까 싶다. 1911년에 나는 현대의 몇몇 정치 현상과 그것의 미래의 귀결에 대해 보다 넓은 시야에서 고찰하려고 시도했었다. 당시에는 역사적인 위기가 세계대전이라는 이미 불가피해진 외적 형태를 취하며 직접적으로 다가오고 있었고, 나의 그러한 시도는 세계대전을 과거 수세기의——수십 년이 아니라——정신에 의해 일찍이 행해졌던 것으로 이해해보려는 것이었다. 근본적으로 이것이 아직 작은 작업으로 진행되는 동안 이 시기를 현실적으로 이해하기 위해서는 기초가 되는 범위를 아주 광범위하게 선택해야 했다. 또한 이런 부류의 연구에서는 보다 근원적인 결과의 필연성을 포기하지 않으려면, 그 연구를 어떤 단일한 시대와 그 시대의 정치적 사실 영역에 한정하거나 실용적인 고찰의 틀 안에 넣는 것, 심지어 순수하게 형이상학적이고 초월적인 관찰을 포기하는 일이 불가능하리라는 확신이 끓어올랐다.

어떤 정치적 문제가 정치 자체에 의해서는 이해될 수 없다는 것이 분명해졌으며, 또한 본질적인 특징들이 종종 예술 분야에서만 나타나고, 심지어 멀리서는 과학 사상이나 순수한 철학 사상의 형태로 나타나며, 따라서 이것에 의해 보일 수 있음이 분명해졌다. 19세기의 마지막 몇십 년은 두 가지 주목할 만한 큰 사건, 멀리에서도 보이는 두 개의 강력한 사건——하나는 프랑스 혁명과 나폴레옹으로 표현된, 100년에 걸친 서양 현실의 상像을 결정한 사건이고 다른 하나는 점점 가속도를 내며 다가왔다. 적어도 그에 버금가는 중대한 사건이다——사이에 긴 긴장된 평화의 시기였는데, 결국 이 19세기 말의 정치적·사회적 분석조차 현존재의 큰 문제들을 포함하지 않는 한 이루어지기 어렵다는 점이 드러났다. 이는 자연적인 세계상처럼 역사적인 세계상에도 근본적인 경향 전체를 체현하고 있지 않은 것은 하나도 없기 때문이다. 바로 이 점에서 본래의 주제가 아주 크게 확대되었다. 예상 외의, 대부분 완전히 새로운 문제와 관련된 사항들이 무수히 솟아올랐다. 분명한 것은 세계사 일반의 비밀이, 더 정확히 말하면 규칙적인 구조를 지니는 유기적인 통일체로서 질 높은 역사의 비밀이 밝혀지지 않는 한 역사의 어느 한 단편도 밝혀졌다고 말할 수 없다는 것이다. 그리고 이러한 일은 지금까지 조금도 이루어지지 않았다.

이러한 순간부터, 지금까지 여러 번 예감되고 때때로 논의되었지만 결코 이해되지 않았던 관계들이 더욱더 많이 출현했다. 즉 조형 미술 형식, 전쟁과 국가 행정의 형식을 결합시키는 관계, 그리고 동일 문화의 정치적 형태와 수학적 형태 사이의, 종교적 관념과 공업적 관념 사이의, 수학과 음악과 조각 사이의, 경제적 형식과 인식 형식 사이의 깊고 긴밀한 관계들이 그러하다. 바로 여기서, 최신의 물리학적·화학적 이론들이 내부 깊은 곳에서 분명 우리 게르만 조상의 신화적인 관념에 의거하고 있다는 것, 비극, 동력 공학, 현대 금융의 양식상 완전히 일치한다는 것, 그리고 한 에는 유화 원근법, 인쇄, 신용 제도, 원거리 무기, 대위법적 음악이 있고 다른 한 에는 나체상, 도시국가, 그리스인들에 의해 발명된 화폐 주조가 있으며, 똑같은 정신적 원리를 주조로 표현했다는 것 ── 처음에는 기괴하게 생각되지만 이내 자명해진 사실 ──이 의심할 여지 없이 분명해졌다. 나아가 그 이상으로 분명한 것은 형태적으로 친밀한 이 커다란 관계군들이 세계사 전체상 속의 특별한 인간 종을 상징적으로 나타내며 구조에 있어 엄격하게 대칭을 이룬다는 사실이다. 이러한 관점이야말로 역사의 참된 양식을 적나라하게 보여준다. 이러한 관점 자체가 이미 한 시대의 징후와 표현이며, 그래서 오직 현대 서양인에게만 내적으로 가능하고 필연적이기에 단지 멀리서 보면 변환군變換郡 이론 영역의 최신 수학 개념이 갖는 어떤 직관과 비교될 수 있다. 바로 이러한 것들이, 이런 동기로 명확한 형태를 취할 수 있기 전에는 막연하고 확정되지 못한 상태에 있었음에도 불구하고, 오랫동안 나의 뇌리를 차지하고 있었던 생각들이다.

나는 현대를——다가오는 1차 세계대전을——전혀 다르게 조명했다. 역사가는 국민 감정이나 개인의 영향이나 경제 경향에 기초해서 우연한 사실에 정치적이거나 사회적인 어떤 인과적 공식을 적용하고 거기에 통일과 사실적 필연성이라는 외형을 부여하지만, 1차 세계대전은 더 이상 이런 우연적인 사실의 일회적인 상태가 아니라 역사적인 국면 전환의 전형이다. 이러한 전환은 정확히 한정될 수 있는 범위를 지닌 커다란 역사적 유기체 속의 한 생애로서 수백 년 전부터 예정되어 있었던 것이다. 이 커다란 위기의 표지는 열정적인 수많은 의문과 견해들이다. 이것들은 오늘날 수없이 많은 책과 의견들로 존재하지만 정리되지 않은 채 뿔뿔이 흩어져 있고, 또 자극을 주고 낙담시키고 떠들썩하게 만들기는 하지만 전문 분야라는 좁은 입장에 한정되어 있다는 사실에서 자유롭지 못하다. 이 의문들을 알고는 있지만 의문들의 동일성은 과소평가되고 있다. 나는 형식과 내용, 선과 공간, 도안과 색채 사이의 논쟁들 속에서, 양식의 개념 속에서, 인상주의와 바그너 음악의 의의 등에 관한 논쟁의 기초인 예술 문제를 거론하는데, 궁극적인 의미에서 전혀 이해되지 않은 예술 문제들을 생각해보라. 또한 예술의 쇠퇴, 과학의 가치에 대한 의혹이 증가하고 있음을 생각해보라. 농촌에 대한 세계 도시의 승리에서 비롯되는 무산아無産兒, 이농離農 같은 중대한 문제들을 생각해보라. 동요하는 제4계급의 사회적 위치를 생각해보라. 유물론, 사회주의, 의회 제도의 위기를 생각해보라. 국가에서 개인이 차지하는 위치를 생각해보라. 사유 재산 문제와 그에 따르는 결혼 문제를 생각해보라. 겉보기에는 전혀 다른 분야에 속하지만 신화·예술·종교·사상의 기원에 대해 민족 심리학의 영역에서 이루어지던, 나아가 이제는 관념론적 관점이 아니라 엄밀히 형태학적 관점에서 이루어지던 대량의 연구를 생각해보라. 이 문제들은 지금까지 결코 충분히 명료하게 의식에 떠오르지 않았던 역사 일반의 한 난제를 목표로 삼고 있었다. 이것은 무수히 많은 문제가 아니라 언제나 하나이며 같은 것이었다. 이 문제에 대한 답은 누구나 예감하기는 했지만 협소한 입장 탓에 단 하나의 포괄적인 해결책을 발견하지는 못했다. 그 해결책은 니체 이래로 막연하기는 하지만 있어왔다. 니체는 이미 모든 결정적인 문제들을 이해하고 있었다. 낭만주의자로서 냉엄한 현실을 감히 직시하지는 못했지만 말이다.

그러나 바로 여기에 확정적인 설說이 지니는 깊은 필연이 놓여 있다. 확정적인 설은 나와야만 했고 또 이 시대에만 나올 수 있었다. 그것은 현존하는 사상과 저작을 공격하는 것이 아니다. 오히려 과거 몇 대에 걸쳐 탐구되고 완수된 것을 확증하는 것이다. 이 회의주의는 모든 전문 분야들에 걸쳐 진짜 살아 있는 경향들 —— 그것들의 의도가 어떻든 간에 —— 의 모든 내용을 밝히는 것이다.

그러나 확정적인 설에서 발견되는 것은 무엇보다 역사의 본질을 파악할 수 있게 해주는 대립, 즉 역사와 자연의 대립이다. 되풀이해 말하지만 인간은 세계의 요소 및 대표자로서 자연의 일원일 뿐 아니라 역사의 일원이기도 하다. 역사란 자연과 다른 질서 및 내용으로 이루어진 제2의 우주인데, 형이상학은 제1의 우주만을 생각하느라 제2의 우주를 소홀히 하고 있었다. 내가 처음에 세계의식의 이 근본적인 문제에 대해 성찰하게 된 것은, 현대의 역사가들이 감각적으로 파악 가능한 사건, 즉 이루어진 것을 더듬어 찾을 때 어떻게 자신들이 역사를, 일어난 것을, 이루어지고 있는 것을 이미 파악했다고 믿었을까 하는 데 생각이 미쳤기 때문이다. 이러한 것은 단지 직관적으로 인식하는 사람들과 대립되는, 이성적으로 인식하는 사람들 모두가 지니는 편견이다.[42] 이 편견은 이미 인식하는 자에게 이루어지는 것은 존재하지 않으며 존재하는 것만이 존재할 뿐이라고 주장하여 위대한 엘레아학파를 곤란하게 만들기도 했다. 바꾸어 말하면 역사는 물리학자의 객관적 의식 속에서 자연으로 보이며 그에 맞게 다루어졌다. 바로 이 때문에 우리는 인과율, 법칙, 체계——즉 응결된 현존재의 구조——의 원리를 적용하는 중대한 실수를, 일어나는 것들이 가지는 相像의 탓으로 돌려야 한다. 그래서 전기나 중력이 존재하는 것처럼 인간 문화가 존재한다고 생각되었고 본질적으로 동일한 분석이 가능하다고 생각되었다. 자연 연구가의 습관을 모방하는 것이 자랑거리가 되었다. 그래서 때때로 고딕이, 이슬람이, 고대 그리스·로마의 폴리스가 무엇인가 하는 의문이 일어난다고 해도, 살아 있는 어떤 상징들이 왜 그때 거기서 그런 형식으로 그 시공간에 나타나지 않으면 안 되었는가 하는 의문은 일어나지 않던 것이다. 역사가들은 공간적·시간적으로 멀리 떨어진 역사 현상들 간에 나타나는 여러 유사성 중 하나를 접하게 되면 언제나 단순히 그것을 기록하고 만족하는 데 그쳤다. 로도스를 '고대 그리스·로마 시대의 베네치아'로 보고 나폴레옹을 '현대의 알렉산드로스'로 보면서 그 우연의 일치가 갖는 불가사의함에다 약간의 기지에 찬 말을 덧붙이면서 말이다. 그러나 여기에서 운명이라는 문제가 역사 본래의 문제(즉 시간의 문제)로서 전면에 나타나는데, 인과적 필연과는 처음부터 끝까지 전혀 관계가 없는 다른 필연이 작용하고 있음을 알아내기 위해 최대한 진지하게, 그리고 과학적으로는 통제된 관상학을 통해 다루어져야 했다. 어떤 현상일지라도 모두 하나의 형이상학적인 수수께끼를 던지고 있다는 것, 그 수수께끼가 결코 아무 때나 나타나지 않는다는 것, 무기적인 자연 법칙의 관계와는 다른 종류의 살아 있는 관계가 세계상——이것은 전체의 방사이지 칸트가 생각하듯이 단지 인식하는 인간만의 방사는 아니다——속에 존재하고 있는지 보다 더 조사해보지 않으면 안 된다는 것, 하나의 현상이 오성의 사실일 뿐 아니라 정신의 표현이기도 하며 대상일 뿐 아니라 상징이기도 하다는 것, 게다가 종교적·예술적인 최고의 창조부터 일상생활의 사소한 일에 이르기까지 그러하다는 것, 이것이 철학적으로 새로운 것이었다.

이리하여 나는 완전히 내적 필연성을 갖춘 커다란 윤곽의 해결책을 눈앞에서 똑똑히 보았다. 그것은 발견될 수 있는 것이었음에도 오늘날까지 발견되지 않은, 단 하나의 원칙으로 귀착되어야 하는 해결책이다. 이 원칙이야말로 청년 시대부터 따라다니며 나를 끌어당겨왔던 것이고, 내가 그것의 존재를 느끼고 그것을 과제로 여기고 있으면서도 파악하지 못해 괴로워했던 것이다. 그러므로 이 책은 새로운 세계상에 대한 일시적인 표현으로서 약간 우연적인 동기에서 태어났다. 따라서 당연히 최초의 시도에 수반되는 결점을 모두 지니고 있고 불완전하며 모순을 안고 있다. 이것은 나 스스로 잘 알고 있는 바다. 그럼에도 이 책이 부정할 수 없을 만큼 하나의 사상을 형성하고 있다고 나는 확신한다. 이 사상은, 다시 한번 말하지만, 일단 이야기되면 결코 논박당하지 않을 것이다.

따라서 좀 더 좁은 주제가 오늘날 전 지구상에 퍼져 있는 유럽·아메리카 문화의 몰락에 대한 분석이라 해도, 그것의 목적은 하나의 철학을 전개하는 것이며, 여기서 검토되어야 하는 이러한 철학 특유의 방법, 즉 세계사의 비교형태학이라는 방법을 전개하는 것이다. 이 책은 당연한 결과로 두 권으로 나누어진다. 제1권 '형태와 현실'은 커다란 여러 문화의 형태에서 출발해 그 문화들 기원의 가장 깊은 뿌리에 도달하고자 하며 그리하여 하나의 상징주의의 기초를 마련한다. 제2권 '세계사적 전망'은 현실 생활의 사실에서 출발하여 보다 높은 단계에 있는 인류의 역사적 실천에서 역사적 경험의 정수를 얻으려 시도하고, 이에 기초하여 우리 미래의 형성에 대한 연구 토대를 마련한다.

다음의 표들은 연구의 성과와 개요를 보여준다. 동시에 새로운 방법의 결실과 의의에 대한 개념을 제공해줄 것이다.

<표1> 동시대적 전성기

인도 문화 기원전 1500년 이후	고대 그리스·로마 문화 기원전 1100년 이후	아라비아 문화 0년 이후	서양 문화 900년 이후
봄			
전원적·직관적·노르고 있는 몽환적인 영혼이 거대한 창조. 초개인적 통일과 충만함.			
1. 새로운 신(神)의 감정 표현으로서 거대한 스타일의 신화 탄생. 세계의 공포와 세계의 동경.			
기원전 1500~1200년 베다의 종교	기원전 1100~800년 그리스-이탈리아의 '데메테르'의 민간 종교 올림포스 신화	0~300년 원시 기독교 만다어교, 마르키온주의, 그노시스주의(혼합주의의 미트라, 바알 숭배)	900~1200년 게르만적 가톨릭 에다(발드르) 클레르보의 베르나르, 플로리스의 요아킴, 아시시의 프란체스코
		복음서 제사록	민간 서사시(지크프리트), 기사 서사시(성배)
아리안족의 영웅 전설	호메로스		
	헤라클레스 전설, 테세우스 전설	기독교, 미즈다교, 이교도, 여러 전설	서양의 성스러운 전설

2. 새로운 세계관의 가장 초기의 신비적·형이상학적 형성. 스콜라학파의 절정.

베다의 가장 오래된 부분에 포함돼 있음	문서에 없는 최고(最古)의 오르페우스교 에트루리아적 훈련의 영향 : 헤시오도스 우주기원론	오리게네스(254년 사망) 플로티노스(269년 사망) 마니(276년 사망) 이암블리코스(330년 사망) 아베스타, 탈무드, 그리스도교의 교부학	토마스 아퀴나스(1274년 사망) 둔스 스코투스(1308년 사망) 단테(1321년 사망) 에크하르트(1329년 사망) 신비주의와 스콜라학파

여름

성숙되 있사. 가장 초기의 도시 시민적이고 비판적인 운동.

3. 종교 개혁 : 초기의 거대한 형식과 관련해 종교 내부에서 일어난 민중적 반향.

브라만, 우파니샤드의 가장 오래된 요인(기원전 10~9세기)	오르페우스 운동 디오니소스교 '누마'의 종교'(기원전 7세기)	아우구스티누스(430년 사망) 네스토리우스교파(430년경) 일성론자(一性論者, 450년경) 마즈다크(기원전 500년경)	니콜라우스 쿠사누스(1464년 사망) 후스(1415년 사망), 사보나롤라, 기욤 쿠르타드, 루터, 칼뱅(1564년 사망)

4. 세계 감정의 순수 철학적 이해의 출발. 관념론적 체계와 현실론적 체계의 대립.

우파니샤드에 포함돼 있음	소크라테스 이전의 대철학자(기원전 6~5세기)	6~7세기의 비잔티움·유대· 시리아·콥트·페르시아 문화	갈릴레이, 베이컨, 데카르트 비롯해, 브루노, 라이프니츠(16~17세기)

5. 새로운 수학의 형성. 세계 형식의 모양과 총체로서 수의 구상.

실증되었음	크기로서의 수 (척도) (기하학, 산수) 기원전 540년 이래의 피타고라스	부정수 (不定數) : 대수 전개는 연구되지 않음.	함수로서의 수 (해석) 데카르트, 파스칼, 페르마(1630 년경) 뉴턴, 라이프니츠(1670년경)

6. 청교도주의 : 여러 종교의 합리주의적·신비적 범신화.

우파니샤드에 흔적이 있음	기원전 540년 이후의 피타고라스 교단	마호메트(622년) 650년 이후의 바울과, 우상 파괴 자	1620년 이후의 영국 청교도 1640년 이후의 프랑스 얀센주의 (포르 루아얄)

가을

대도시적 지성. 엄밀한 정신적 형성력의 정점.

7. '계몽' : 오성이 만능력을 믿는 신앙. '자연' 숭배. '이성적 종교'.

수트라, 상야아(수론파(數論派)), 붓다, 죠기 우파니샤드	기원전 5세기의 소피스트 소크라베스(기원전 399년 사망) 베르크리토스(기원전 360년경 사망)	무타킬리무파 수피즘 얼킨디(830년경 사망)	영국의 감각주의자(로크) 포랑스의 백과전서파(불비트), 루소

8. 수하 사유의 정점. 수의 형식체계의 순화.

설흥되었음

(위치 값, 수포서 제도) | 아르키타스(기원전 365년 사망), 플라톤(기원전 346년 사망) 에우독스(기원전 355년 사망)

(원주육선) | 미(未) 연구 (수 이론, 구면 삼각법) | 오일러(1783년 사망) 라그랑주(1813년 사망) 라플라스(1827년 사망)

(미분 문제) |

9. 거대한 종말적 체계.

이상주의 : 요가, 베단타 인식론 : 바이세시카 [승론파(勝論派)] 느리야 : 니야야 [정리파(正理派)]	플라톤(기원전 346년 사망)

아리스토텔레스(기원전 322년 사망) | 일파라비(950년 사망)

아비센나(1000년경 사망) | 셸링 헤겔 칸트 피히테 |

개요

세계도시 문명의 출현. 정신적 형성력인 소몰 생명 자체가 문제.
비종교적이고 비행이상향적인 세계도시의 윤리적·실천적 경향.

10. 물질적 세계관: 과학, 장점, 행운 숭배.

상키아, 차르바카 [순세파(順世派)]	견유파, 키레네파, 소피스트 말기(프로트)	아바스 왕조 시대의 무슨파, 무신론파, 페타파 '순정동맹(純正同盟)'	벤담, 콩트, 다윈, 스펜서, 슈티르너, 마르크스, 포이어바흐

11. 윤리적·사회적 생활 이상: '수하 없는 철학' 시기. 회의.

붓다 시대의 여러 유파	헬레니즘 에피쿠로스(기원전 270년 사망), 제논(기원전 265년 사망)	이슬람의 여러 유파	쇼펜하우어, 니체 사회주의, 무정부주의 헤벨, 바그너, 입센

12. 수하적 형식체의 내적 완성. 완성된 사상.

실증되었음			
	유클리드, 아폴로니오스(기원전 300년경), 아르키메데스(기원전 250년경)	알후와리즈미(800년), 이븐 쿠라(850년) 알카리크(10세기)	가우스(1855년 사망), 코시(1857년 사망), 리만(1866년 사망)

13. 추상적 사색의 전문적 집단 철학으로의 침체. 해심 문헌.

'6개의 고전 철학'	아카데미, 소요파, 스토아파, 에피쿠로스파	바그다드와 바스라의 여러 학파	칸트과 '노리학파'와 '심리학파'

14. 최후의 세계 감정의 확산.

기원전 500년 이후의 인도 불교	기원전 200년 이후의 헬레니즘적·로마적 스토아학파	1000년 이후의 이슬람의 실용적 수명론	1900년 이후 확산되고 있는 윤리적 사회주의의

〈표 2〉 동시대적 문화기

이집트 문화	고대 그리스·로마 문화	아라비아 문화	서양 문화
문화 전(前) 시대			
원시인적인 표현 형식의 혼돈. 신비로운 상징과 소박한 모방.			
티니스 왕조 시대	미케네 시대	페르시아-셸레우코스 왕조 시대	메로빙거-카롤링거 왕조 시대
기원전 2830~2600년	기원전 1600~1100년	기원전 500~0년	500~900년
고무적 : 수메르적(서남아시아적)	후기 이집트적(미노스적), 후기 바빌론적(수아시아적)	후기 고대적(헬레니즘적), 후기 인도적(인도-이란적?)	'후기 아라비아적' (마우리아-비잔티움적)
문화			
모든 외적 조재를 형성하는 양식의 생명사. 가장 깊은 상징적 필연성에 의한 형식어.			
제I 초기 시대 : 젊은 세계 감정의 기본적인 표현으로서의 장식과 건축 : 원시적			
고대 제국(帝國)	도리스 양식	초기 아라비아의 형식계(사산조적, 비잔티움적, 아르메니아적, 시리아적, 사베적, '후기 그리스' 기독교적, 모마적, '원시 기독교적')	고딕 양식
기원전 2600~2200년	기원전 1100~650년	0~500년	900~1500년

1. 출생과 비약. 토지의 정신에서 성장한 형식이지 의식적으로 창조된 형식이 아님.

제4~5왕조 기원전 2550~2320년	기원전 11~9세기	1~3세기	11~13세기
가하학적 사인 양식	목재 건축	순혜적인 내부 공간	로마네스크와 초기 고딕 양식
피라미드 사인	도리스식 기둥	바실리카, 돔 건축 (회교 사원으로서의 판테온,	돔이 있는 본 사원
식물 기둥의 줄	사카테	주공(柱孔)	부벽(扶壁) 구조
평부조(平浮彫)의 줄	가하학적 이중 탑문(塔門)] 양식	표면을 덮는 넝쿨 무늬 서관	유리 그림, 대성당의 조소(彫塑)
분묘 조상(墳墓彫像)	묘병(墓甁)		

2. 조기 형태어 완성의 가능성의 고갈과 모순.

제6왕조 기원전 2320~2200년	기원전 8~7세기	4~5세기	14~15세기
피라미드 양식과 사시사적 · 목가적 부조 양식의 소멸	태고적인 도리스적 · 에트루리아적 양식의 종말	조상화적인 페르시아 · 시리아 · 콥트적 예술의 종말	후기 고딕 양식과 르네상스 프레스코 및 조상의 양식과 종말 : 초토(고딕)에서 미켈란젤로에 이르기까지(바로크). 시에나, 뒤른베르크, 반 에이크에서 훔볼인에 이르기까지 고대적 액면화(額面畵).
태고적 초상 조소의 양상기	원(原) 코린토스적-고(古)아티카적 (신화적) 점토화	모자이크 회화와 아라베스크의 융성	

제 2후기 시대 : 도시적·이지적 개인에 의해 선택된 한 예술 집단의 형성('거장').

중세 세국	이오니아 양식	후기 아테네아 형식계	바로크
기원전 2040~1790년	기원전 650~350년	(페르시아~네스토리우스적, 비잔티움~아르메니아적, 이슬람~마우리아적) 500~800년	1500~1800년

3. 성숙한 예술 기질의 완성.

| 제11 왕조 : 기원전 2130~1990년 은화하고 이미 있으며 거의 혼적을 남기지 않는 소멸된 예술 | 시원(寺院) 체구(體軀)의 완성 (페립테로스, 석조 건축) 이오니아서 기둥 폴리그노토스(460년)에 이르기까지 프레스코화가 지배 사병에서 보이는 조소의 흥기('비니에의 아폴로'에서 하켈라디스까지) | 최고 사원 내부의 완성(중앙 돔 구조, 하기아 소피아) 모자이크 회화의 전성기 양탄자 무늬 아라베스크 양식의 완성(무서타) | 미켈란젤로에서 베르니니(1680년 사망)에 이르는 회화적 건축 양식 티치아노에서 렘브란트(1669년 사망에 이르기까지 유화가 지배 오를란도 디 란소에서 하인리히 쉬츠(1672년 사망)에 이르는 음악의 흥기 |

4. 정신을 관통한 형태어의 최종적 완성.

제2왕조 : 기원전 1990~1790년	아테네의 전성기 기원전 480~ 350년	우마이야 왕조 시대 7~8세기	로코코 음악적 건축 양식('로코코')
탐문시 시험, 미궁 특성화된 조상 역사적 부조	아크로폴리스 미론에서 페이디아스에 이르기까 지 고전적 조소가 지배 엄밀한 프로스규화와 점토 회화 (제욱시스)의 종말	또한 우상 없는 아라베스크 예술 의 건축을 넘어선 완벽한 승리	바흐에서 모차르트에 이르는 고 전 음악의 지배 바토에서 고야에 이르는 고전적 회화의 종말

5. 엄밀한 형성력의 쇠약. 대(大) 양식의 해체. 양식의 종말. 즉 '고전주의와 낭만주의'.

기원전 1700년경의 혼란	헬레니즘로스 시대 코린트식 기둥 리시포스와 아펠레스	하룬 알 라시드(800년경) '마우리아식 예술'	잉글로 양식과 비더마이어 양식 고전주의적 건축 취미 베토벤, 들라크루아
아무것도 보존되어 있지 않음			

문명

내적 형식이 없는 현존재. 관념, 사치, 사치, 스포츠, 신경 자극으로서 세계도시 예술.
상징적 내용 없이 급속히 변화하는 유행 양식(부활, 자의적인 발굴, 표절).

1. '근대 예술'. 예술-문제. 세계도시를 의식적으로 형성하고 자극하려는 시도. 음악, 건축, 회화의 단순한 공예로의 변화.

미노스 시대 : 기원전 1675~1550년	헬레니즘	솔탄 왕조 9~10세기	19~20세기
크레타에만 남아 있는 미노스 예술	페르가몬 예술(연구 취미) 헬레니즘 풍의 회화법 (사실주의적, 기이한, 주관적) 디아도코이 여러 도시의 화려한 건축	스페인-시칠리아적 예술의 전성기 시마라	리스트, 베를리오즈, 바그너 콘스탄티노플에서 다이블과 마제에 이르는 인상파 아메리카적 건축

2. 형식 발전 일반의 종말. 무의미하고 공허하고 외면적인 퇴저의 건축과 장식. 전축좌이고 이구적이고 동기의 모방.

제18왕조 : 기원전 1550~1328년	로마 시대 기원전 100~기원후 100년	1050년 이래의 셀주크 시대	2000년 이후
메르 엘 바리의 암석 사원. 멘노의 거상(巨像). 크노스스와 아마르나의 예술	세 가지 축의 양식으로 쌓음 시장, 극장(콜로세움), 개선문	십자군 시대의 '동방의 예술'	

3. 종말. 응결된 형식에 완성. 물질과 대중적 영향으로 인한 제왕적 화려함. 전원적 공예.

제19왕조 기원전 1328~1195년	트라야누스에서 아우렐리아누스에 이르기까지의 거대 시장, 목욕탕, 주열(柱列)이 있는 도로, 개선주(凱旋柱)	1250년 이래의 몽골 시대	
죽은자, 카르나크, 아비도스의 거대 건축		바글들여 인도의 거대 건축	
슈(h) 예술(동물 조스, 직물, 무기)	로마의 시골 예술(술 도기, 조스, 무기)	동방적 공예(양탄자, 무기, 기구)	

〈표 3〉 통시대적 정치기

이집트 문화	고대 그리스·로마 문화	아라비아 문화	서양 문화
	문화 전(前) 시기		
	원시적인 민족혼. 종족과 주장. 아직 어떠한 정치 도 없다. 무정부 '국가'.		
티니스 왕조 시대 (메네스) 기원전 2830~2600년	미케네 시대 ('아가멤논') 기원전 1600~1100년	상(商) 시대 기원전 1700~1300년	프랑크 시대 (카를 대제) 500~900년
	문화		
	특색 있는 양식과 통일적인 세계 감정으로 구성되는 민족 집단 : '민족'. 내재적인 국가 이념의 영향.		
	제 초기 시대 : 정치적 현존재의 유기적인 개편. 초기의 두 계급(귀족과 승려). 순수한 토지 가치의 봉건 경제.		
고대 제국 기원전 2600~2200년	도리스 시대 기원전 1100~650년	초기 전주(前周) 시대 기원전 1300~800년	고딕 시대 900~1500년

1. 봉건 제도. 농민적인 토지 정신. 도시 는 단지 시장이나 성채에 불과하다. 지배자가 교체되는 구성. 기사적 -종교적 이상. 신하들 사이의 싸움 및 봉건 영주에 대한 도전.

제4~5왕조의 봉건 국가 기원전 2550~2320년 제후와 승려의 권력 교환, 비신의 화신으로서의 파라오	호메로스 시대의 왕위 귀족의 발흥(이타카, 에트루리아, 스파르타)	제후에게 중심적 지배자(왕)가 암박을 받음	독일 황제 시대 십자군 귀족 황제권과 교황권

2. 주장적 형식의 위기와 해체 : 제후 연맹에서 귀족 국가로 이행.

제6왕조 : 기원전 2320~2200년 제국의 세습, 공국의 몰락 제7~8왕조 : 공위(空位)	귀족의 시대 해마다 왕권 해체 과두 정치	기원전 934~909년 신하에 의한 제후, 의양(懿王) 죽출 기원전 842년 공화 시대	지방 공국 : 르네상스 여러 국가, 랑카스터와 요크 1254년 대(大) 공위

제2 후기 시대 : 성수된 국가 이념의 성립. 농촌 대 도시 : 제3신분(시민 계급) 발생. 영지에 대한 화폐의 승리.

중세 제국 기원전 2040~1790년	이오니아 시대 기원전 650~300년	후주(後週) 시대 기원전 800~500년	바로크 시대 1500~1800년

3. 엄격한 형식에 의한 국가 세계의 형성. 포룸드의 난.

제11왕조 : 테베의 지배자에 의한 남부 정치의 전복. 중앙 집권화된 관료 국가	6세기, 최초의 순수 정치(클레이스테네스, 페리안드로스, 폴리크라테스, 티르나니우스). 도시국가	'패권주의' 시대(기원전 685~591년)와 제후 맹주 시대(기원전 ~460년)	1630년경 왕가의 권력과 프롱드의 난(리슐리외, 발렌슈타인, 크롬웰)

4. 최고의 국가 형성 완성('전제주의'). 도시와 지방의 통일('국가와 사회', '제3신분').

제12왕조(기원전 1990~1790년) : 가장 엄중한 중앙집권권력 구성. 귀족과 황금 귀족 아메넴헤트, 세소스트리스	순수한 도시국가(데모스)의 전체주의. 아고라 정치 호민관제 발생 테미스토클레스, 페리클레스	춘추 시대 기원전 590~480년 전체 집중. 완성된 고귀한 형식 [예(禮)]	앙시앵 레짐, 로코코, 궁정 귀족 (베르사유)과 내각 정치. 합스부르크가와 부르봉가. 루이 14세, 프리드리히 대왕

5. 국가 형식의 붕괴(혁명과 나폴레옹주의). 농촌과 도시에 대한 도시의 승리(특권층에 대한 '민중'의 승리, 전통에 대한 지성의 승리, 정치에 대한 돈의 승리).

기원전 1790~1675년. 혁명과 군정(軍政). 제국의 와해. 일부는 민중 출신의 작은 권력 소유자	4세기. 사회적 혁명과 제2의 참 주 정치(디오니시오스 1세, 페라 이의 이아손, 감찰관 아피우스, 플라미니누스, 알렉산드로스)	기원전 480년 전후 시대 초기. 기원전 441년 주 왕조의 몰락. 혁명과 섬멸 전쟁	18세기 말엽. 미국과 프랑스의 혁명(워싱턴, 폭스, 미라보, 로 베스피에르, 나폴레옹)

문명

현재 본격적인 대도시적 특성을 갖춘 민족의 형체는 형식 없는 대중으로 해체.
세계도시와 지방 : 제4신분(대중), 무기적, 세계주의적.

1. 돈의 지배('민주주의 지배'). 정체력이 정치적 형식과 권력에 침투.

기원전 1675~1550년 힉소스 시대 심각한 붕괴. 외국 장군 치하의 독재. 기원전 1600년 이후 토착 지배자의 궁극적인 승리	기원전 300~100년 정치적 헬레니즘. 알렉산드로스에서 한니발과 스키피오(기원전 200년)에 이르기까지의 왕의 전권(全權) : 율레오바티스 3세와 플라미니우스[스]기원전 220년에서 마리우스에 이르는 급진적 민중 지도자	기원전 480~230년 '전국 시대'. 기원전 288년 황제 창호, 진(秦)의 여러 제국주의적 정치가. 기까지의 왕의 전권(全權). 기원전 249년 이래 좌우의 여러 독재자의 방랑	1800~2000년, 19세기 : 나폴레옹에서 세계대전에 이르기까지. '열강 조직 체제', 상비군, 20세기의 현범 : 입헌적 개인 권력이 형식 없는 개인 권력으로 이행. 섬멸 전쟁, 제국주의

2. 카이사르주의의 완성. 도에 대한 폭력 정체의 승리. 정치 형식의 원시적 성격 증가. 형식 없는 시민으로의 국민 붕괴. 그 군중이 다시 섬과적으로 원시적·전체적 성격에 연관됨.

기원전 1550~1328년 : 제18왕조 투트모세 3세	기원전 100~기원후 100년 : 술라에서 도미티아누스까지 카이사르, 티베리우스	기원전 250~기원후 26년 전 왕 정과 서한(西漢). 기원전 221년 '정(政)이 시 칭제'를 칭함. 기원전 140~86년 무제(武帝)	2000~2200년

3. 최종적 형식의 성숙 : 개개의 지배계에 의한 사적이고 족벌적인 정치. 밖으로 도시의 세계. 이집트주의, 만다린주의, 비잔티움주의. 젊은 민족이나 외국 정복자의 야탈욕에 대해 제국 기구도 무역사적으로 응집되고 무력해짐. 원시인 상태가 서서히 상승해 고도로 문명화된 생활수준이 됨

기원전 1328~1195년 : 제19왕조 세토스 1세, 람세스 2세	100~200년 : 트라야누스에서 아우렐리아누스까지 트라야누스, 셉티미우스 세베루스	25~220년 동한(東漢) 58~76년 명제(明帝)	2200년 이후

서구 몰락의 예언자
슈펭글러

1. 고독하고 불우했던 독일 철학자 슈펭글러

오스발트 A. G. 슈펭글러Oswald Arnold Gottfried Spengler (1880~1936)는 독일 북부 하르츠 지방의 블랑켄부르크에서 우편 관리인의 아들로 태어났다. 심장이 약한 채로 태어나 유년 시절을 민감하고 불안하게 보냈는데 그의 신경증은 때때로 의사를 불러야 할 정도로 심각했으며 누이동생들은 불안해서 울고 있는 그의 울음소리에 종종 잠을 깨곤 했다. 일생 동안 심적 불안 상태에서 벗어나지 못했던 그는 구토증과 두통도 심하게 앓았다. 이 때문인지 그는 항상 촛불이나 불빛에서 '죽음의 위협을 받고 있는 삶'의 상징을 보고는 했다.

집안이 할레로 이주하면서 프랑켄 재단이 설립한 라티나 중고등학교에 다니게 된 슈펭글러는 지리학과 역사학에 흥미를 가졌다. 일생 동안 자신의 역사 선생이었던 노이어 바우어를 존경했고 인격적으로는 수학 선생을 존경했다. 독일어는 훗날 대저술가, 대문장가가 된 그가 매우 싫어한 과목이었는데 독일어 교재가 프랑켄 재단의 경건주의에 입각해 편협한 내용을 담고 있었기 때문이다.

라티나 중고등학교의 고대어 수업은 수준이 높았는데 학창 시절의 슈펭글러는 라틴어와 그리스어에 흥미를 거의 느끼지 못했다. 현대 외국어들도 배우긴 했지만 실제로 그 언어들을 사용할 일이 그다지 많지 않았다. 훗날 프랑스어나 영어로 된 저작물을 읽기는 했지만 외국인 학자들과 대화를 나누는 일도 드물었다. 그는 독일인이나 일상적으로 독일어를 쓰는 학자들, 정치가들과 사상을 교환했다. 이탈리아어는 학교에서 배우지 않았지만 훗날 이탈리아를 여행하면서 대화를 나눌 수 있을 만큼은 익혀나갔다. 또한 대학생 시절에 러시아어를 독학으로 익혀 많은 러시아어 원전들, 특히 그가 좋아한 도스토옙스키를 읽었다. 이러한 언어적 재능과 달리 운동 실력은 젬병이었는데 선천적으로 심장병이 있는데다 관절이 약하고 힘이 달렸으며 두통이 늘 따라다녔기 때문이다.

심각한 심장병 때문에 1년간의 지원병 생활을 보내지 않게 되자 고등학교 교사가 되기 위해 할레 대학에서 수학과 자연과학을 공부했다. 다윈Charles Robert Darwin과 헤겔Georg Wilhelm Friedrich Hegel에 대한 관심이 그때 결정적 역할을 했다. 대학의 전공 과목들은 슈펭글러에게 중요하지 않았다.

입센Henrik Ibsen이나 사회주의, 무정부주의 등에 흥미를 가지고 사회주의 서적을 많이 읽었다. 1907년 6월에 교사 자격시험에 합격해 상급 학년 수학을 가르칠 수 있게 되었고 1907년 겨울 함부르크의 홀텐토르 고등학교에 부임해서 자연과학, 수학, 독일어, 역사를 가르쳤다. 그는 함부르크 생활에 만족하기는 했으나 그곳의 기후를 견딜 수 없어 1911년에 학교를 퇴직하고 기후가 좋은 뮌헨으로 갔다.

뮌헨에서는 홀로 외로이 지내며 주로 저술 활동을 하며 살았다. 평생 결혼하지 않고 고독하게 살았으며 머무는 공간은 소박하지만 귀족적으로 꾸며놓고 살았다. 그의 이론은 나치즘과 대단히 유사했지만[43] 실제로 나치에 가담하지는 않았다. 뮌헨 대학에서 역사, 민속학, 예술사, 정치학을 공부하여 박사 학위를 받았는데 박사 학위 논문 〈헤라클레이토스―그의 에너지론의 근본 사상에 대한 연구Die Untersuchung der Grundsgedanke Seiner Energystheorie〉는 그의 최초의 철학서이자 오랫동안 그가 지은 유일한 철학서였다. 그로부터 13년이 지나서야 그의 주저 《서구의 몰락Der Untergang des Abendla-ndes. Umrisse einer Morphologie der Weltgeschicht》(1918~1922)이 나왔으니 말이다. 1914년에는 《니체와 그의 세기Nietzsche und seine Epoche》를 출판했고 1931년에는 《인간과 기술Der Mensch und die Technik》을 출판했다. 1936년 5월 10일 뮌헨에서 심장마비로 세상을 떠나기까지 고독하고 불우한 삶을 살았던 슈펭글러는 토인비Arnorl Joseph toynbee 등의 문화 고찰 방법론에 영향을 주기도 했다.

2. 《서구의 몰락》은 어떤 배경에서 씌어졌나

《서구의 몰락》은 1911년 집 되기 시작해 1914년에 탈고되었으나 1차 세계대전의 발발로 출판이 지연되어 1918년에야 제1권 초판이 나왔다.[44] 초판 부수는 1,500부에 불과했지만 이듬해 1919년은 슈펭글러의 해였다. 누구나 그가 어떤 사람인지 궁금해했다. "일찍이 두툼한 책이 이렇게 널리 읽힌 일은 없었다. 유식한 사람도 무식한 대중도, 진지한 사람도 속물도, 글을 읽을 줄 아는 사람이면 누구나 그 책을 읽었다."[45] 그 후 8년간 이 책의 판매 부수는 10만 부에 육박했다.

1914년 8월 1일에 1차 세계대전이 발발하고 1917년 2월 3일에 누이동생 아델레가 자살하는 등 내외적으로 복잡하던 시기에 슈펭글러는 《서구의 몰락》 제1권을 썼다. 1차 세계대전과 러시아 혁명으로 혼미하던 당시의 세계관에 단적인 표현을 부여함으로써 출간 당시 대단한 관심을 불러일으켰던 《서구의 몰락》은 1922년 5월 20일 제2권이 출간됨으로써 완간되었다(1922년 3월에 제1권 개정판이 나왔다).

(1) 정치적 배경

슈펭글러는 1911년 제2차 모로코 사건을 경험하면서 독일과 프랑스의 충돌을 필연적인 것으로 보았다. 제2차 모로코 사건은 프랑스와 독일의 경제적 이해관계에서 야기된 것이었다.[46]

보스니아 문제와 발칸 전쟁을 일으킨 근동의 위기는 모로코의 위기보다 더 심각했다. 오스트리아는 1908년 10월에 터키령인 보스니아와 헤르체고비나를 합병함으로써 베를린 조약[47]을 전면으로 어겼다. 이에 분노한 세르비아인들이 러시아에 호소했고 러시아는 오스트리아에 강력한 경고를 전달했다. 오스트리아에 대한 유럽의 여론도 매우 부정적이었다. 이 보스니아 위기는 1차 세계대전의 가장 중요한 원인이 된 사건으로 세르비아와 오스트리아의 충돌을 피할 수 없게 만들었다. 세르비아와 오스트리아가 서로에게 가진 반감은 발칸 전쟁으로 말미암아 더욱 악화되었다. 제1차 발칸 전쟁은 케말 파샤Kemal Pasha가 이끄는 청년 터키당의 오스만화化 계획의 결과로 일어났다. 세르비아, 불가리아, 몬테네그로, 그리스가 러시아의 후원을 받아 마케도니아 정복을 위한 발칸 동맹을 결성하고 1912년 10월에 발칸 전쟁이 시작되었는데 두 달도 안 되어 터키가 점령당한 것이다. 오스트리아는 세르비아의 군사력 증강을 두려워한 나머지 영국, 프랑스의 지지를 얻은 알바니아의 독립을 추진했고 이런 오스트리아에게 세르비아와 보스니아가 가진 반감은 날이 갈수록 증폭되었다. 이로써 독일, 오스트리아를 중심으로 하는 동맹국과 프랑스, 영국, 러시아를 중심으로 하는 협상국의 갈등이 더욱 첨예화되었다.

1914년의 1차 세계대전은 프랑스가 1871년 이후부터 준비해온 독일에 대한 보복의 일환이라 할 수 있다. 슈펭글러는 《서구의 몰락》서론에서 "1911년에 나는 현대의 몇몇 정치 현상과 그것의 미래의 귀결에 대해 보다 넓은 시야에서 고찰하려고 시도했었다. 당시에는 역사적인 위기가 세계대전이라는 이미 불가피해진 외적 형태를 취하며 직접적으로 다가오고 있었고, 나의 그러한 시도는 세계대전을 과거 수세기의──수십 년이 아니라──정신에 의해 일찍이 행해졌던 것으로 이해해보려는 것이었다"(이 책 108쪽)라고 기술하고 있다. 당시 독일은 불안한 조짐에 휩싸여 있었다. 독일의 정치 질서는 세계대전을 막지 못했고, 국민을 위해 새로운 생활 영역을 확장하려던 독일의 희망은 무산되었다.

(2) 사회적 배경

《서구의 몰락》출간 당시 독일은 1차 세계대전을 마치고 경제 파탄과 군대 해산이라는 어려움에 처해 있었다. 이러한 상황에 불만을 품고 일어난 민중 운동은 일단 진압되었으나 당시의 시민 계급은 이러한 운동이 재현되리라는 불안을 떨치지 못했다. 베르사유 조약[48]의 가혹함은 독일 국민의 자존심을 손상시켰다. 그러나 군사적 패배와 정신적 패배를 동일시하지 않으려는 독일 민족의 국수주의적 경향이 자신들의 복수심을 은밀하게 자극하고 있었다. 소원과 가능성, 이상과 현실 사이의 괴리는 독일인에게 오만과 무자비한 공격성을 부여했다. 이러한 상황에서《서구의 몰락》에 제시된 주장들은 독일 시민 계급의 절대적 지지를 얻게 되었다. 전쟁의 패배로 상처받은 독일인의 절망감과 환멸이 이 책에 잘 반영되어 있었기 때문이다.[49]

또한 이때까지 사회주의는 어떤 능력도 인정하지 않고 오직 행동만을 주장해온 터였다. 사유 재산의 의미와 신에 대한 신앙은 사라지게 되었다. 대도시인들은 자신들의 고향을 위해 싸우기보다는 평화주의자와 세계주의자가 되고자 했다. 그들은 정치를 잘 알지 못한 채 오직 정당의 이해관계만을 따졌고 권위에 굴종하기보다 오히려 민주주의만을 떠들어댔다. 그렇다면 이처럼 눈앞에 다가와 있는 몰락에 직면해 무엇을 해야 하는가? 슈펭글러는《인간과 기술》에서 다음과 같이 주장했다. "무너진 초소에서는 아무런 희망도 구조도 없이 참고 견디는 것이 의무다. 폼페이의 어느 문 앞에서 발견된 로마 병사의 해골처럼 참고 견뎌야 한다. 베수비오 화산이 폭발할 때 사람들이 명령을 해제하는 것을 망각했기 때문에 이 병사는 죽어갔던 것이다. 이러한 암담한 종말은 인간에게서 빼앗아갈 수 없는 유일한 종말이다."[50]

(3) 문화적 배경

슈펭글러에 따르면 1800년대 이후부터 서구에 몰락의 기운이 감돌기 시작했고, 200~300년 내에 서구의 운명이 최종적으로 결정될 것이었다. 이러한 몰락의 확고한 징표는 추상적인 개념과 수학적인 도식을 가지고 결국 인간 자신을 삶의 진정한 근원에서 완전히 떼어놓는 현대의 합리주의에서 기인한다. 그러므로 인간은 어떠한 새봄도 기다릴 수 없다.

슈펭글러가 인간 역사를 탐구하는 데 있어서 의도한 것은 인간의 미래나 어떤 문화의 그다음 진로를 예상할 수 있는 일정한 유형을 찾아보려는 것이었다. 그는 《서구의 몰락》에서 그러한 유형을 증명하고자 시도했다. 이 유형의 큰 특징들은 비코Giambattista Vico(1668~1744)의 문화순환론과 유사하며, 그의 방법론은 역사철학자들의 방법처럼 객관적인 것이 아니었다. 그는 《서구의 몰락》에서 서구 문화를 이미 몰락하기 시작하는 세계사적인 국면을 암시하는 위대한 시기로 보았다. 그리고 자신의 그러한 철학이 다른 가능한 철학 중 하나가 아니라 모든 사람이 예감한 자연스러운 철학임을 확신했다. 또한 자신을 서구인 가운데 가장 강력한 인물로 보았으며 자신이 얘기하는 바는 의심할 여지가 없는 사실이라고 생각했다. 실제적인 사실을 제시할 뿐 아니라 시대의 흐름을 예언하기도 했던 그는 자본주의 체계의 위기와 역사적 붕괴를 실제로 관찰한 최초의 철학자였고 이러한 사실은 《서구의 몰락》이라는 형식 안에 담겨 있다.

슈펭글러에 의하면 지금까지 세계사에 나타난 대표적인 문화로는 이집트, 바빌로니아, 인도, 중국, 고대 그리스·로마, 아라비아, 멕시코, 서구가 꼽힌다. 이들 문화는 모두 약 1,000년이라는 기간을 시점으로 하여 오랜 수명을 견디어왔다. 이중 서구는 종국적으로 19세기에 이미 겨울 쇠퇴기에 접어들었고 20세기 초에 독재주의로 들어서면서 암울한 미래를 예시했다. 이 같은 시점에서 슈펭글러는 20세기 서구에 임박한 세계대전이야말로 정치 만능의 카이사르주의의 출현을 알리는 숙명적인 사건이며 이는 서구의 몰락으로 귀결된다고 예견했다.[51] 그의 《서구의 몰락》은 이와 같은 서구 문화의 몰락 과정을 분석하고 검토하는 데 주요 목적을 갖고 있었다.[52]

슈펭글러는 세계의 역사를 출생, 성장, 쇠퇴, 소멸하는 일종의 생명 현상으로 인식하고 그 역사 전개 과정을 자연의 사계절에 따라 봄, 여름, 가을, 겨울이라는 네 단계로 나누어 설명했다. 나아가 이집트, 바빌로니아, 인도, 중국, 고대 그리스·로마, 아라비아, 멕시코, 서구로 연결되는 세계사적 관계를 일종의 역사 발전 과정으로 바라보았다. 이런 관점에서 슈펭글러는 지구 전체에 만연한 서구 문명의 몰락 현상을 그의 문화유기체 역사관에 근거하여 보다 구체적으로 분석하고자 했다.

3. 《서구의 몰락》은 어떤 책인가[53]

(1) 문화와 문명

ㄱ. 문화유기체론

슈펭글러는 《서구의 몰락》에서 통합적으로 획일화된 세계사 개념을 부정하고 역사 상대주의적 입장을 취했다. 슈펭글러는 지난 세계사에서 등장했다가 사멸되었거나 아직 살아남아 있는 문화로 ① 이집트, ② 바빌로니아, ③ 인도, ④ 중국, ⑤ 고대 그리스·로마(고전 또는 아폴론), ⑥ 아라비아(또는 마고스), ⑦ 멕시코, ⑧ 서구(또는 파우스트), 이렇게 8개 문화를 주장하면서 그중 3개 문화권에 대해 상세히 서술했다. 3개 문화란 곧 아폴론적 문화(고대), 아라비아 문화(주술적 문화), 그리고 파우스트적 문화(서구)를 말한다. 뒤에서 자세히 살펴보겠지만 아폴론적 문화에서는 감각적으로 표현된 개체가, 아라비아 문화에서는 선악의 끊임없는 투쟁이, 파우스트적 문화에서는 순수하고 무한한 공간이, 각각의 문화를 대표한다. 슈펭글러가 보기에 각각의 문화들은 오랫동안 진행돼오면서 많은 유사점을 지니게 되었다 할지라도 개별 문화에는 서로 본질적인 차이가 존재한다. 다시 말해 서로 다른 문화의 기원은 각각 비교될 수 있다는 것인데 그리스의 소피스트들과 서구의 계몽주의자들이 그 실례다.[54] 또한 아시아인과 유럽인은 서로의 언어를 모두 능숙하게 구사하여 의사소통이 가능하다 하더라도 문화가 각각 다르기 때문에 서로를 완전히 이해할 수 있다고 보기는 어렵다. 따라서 이들 8개 문화는 제각기 고유한 상징을 가지는데 가령 중국 문화에서는 도道가, 이집트 문화에서는 돌이 그러하다. 이러한 상징에 따라 해당 문화의 과학, 철학, 예술, 신앙, 사고, 생활, 행동 양식 등이 제각기 달라진다.

슈펭글러에 의하면 이 8개 문화권은 세계사 전개 과정에서 유기적인 관계로 지속되어온 것이 아니라 서로 고립되어 발전해왔으며 영향을 주고받지도 않았다. 그래서 그는 세계사 가운데 8개의 문화를 각각 독립적으로 분류하여 유기체로서 파악했다. 그는 모든 유기체가 성장한 뒤 몰락의 과정을 거치듯이 모든 문화도 여러 세기를 순환한 후에 몰락한다고 결론지었다. 각각의 문화권은 사람으로 비유하자면, 유년기, 청년기, 장년기, 노년기의 과정을 겪는다는 것이다. 이 과정에서 태초에는 창조의 문화 시기가 도래하고 그다음에는 쇠퇴하는 문명의 시기가 오며 궁극적으로는 몰락의 운명을 맞게 된다. 이렇듯 그는 문화와 생물 유기체가 서로 비슷한 특성을 지닌다는 관점에서 문화유기체론을 펼쳤다.

이런 맥락에서 그는 《서구의 몰락》에 '세계사의 형태학적 윤곽輪廓'이라는 부제목을 붙였다. 여기서 그는 모든 현상을 형태학으로서 인정하며, 동시에 역사를 이해하는 데 있어서 그 형태학을 나타나게 하는 모든 현상을 기본적인 문화 정신에 의해 파악하고자 했다. 그에 의하면 각각의 문화는 살아 있는 생명체들처럼 출생, 성숙, 쇠퇴, 소멸이라는 일정한 과정을 밟아가는 유기체다. 또한 무릇 역사란 봄, 여름, 가을, 겨울의 사계절 주기처럼 네 단계를 거친다. 이집트, 바빌로니아, 인도, 중국, 고대 그리스·로마, 아라비아, 멕시코, 서구 등 세계사에 나타난 대표적인 문화들은 모두 꽃을 피우고 열매를 맺다가 약 1,000년 후에는 죽음을 맞이한다. 이렇듯 문화는 제각기 자신만의 이념, 감정, 생명, 의지, 죽음을 지니며 또 끊임없이 성장, 노쇠, 소멸한다.[55] 그래서 생물 유기체로서 문화는 일정한 순환 과정을 거친다. 슈펭글러는 이러한 문화의 유기체적 순환 과정에 의해 역사를 제대로 보고자 했다. 그는 "문화에서 문명으로의 이행은 고대에는 기원전 4세기에, 서양에서는 19세기에 완성되었다"(이 책 80쪽)라고 강조한다. 그가 보기에 서양은 19세기에 겨울 단계를 거쳐 20세기 초에 이르러서는 전체주의에 빠져 몰락의 발자취를 걷는다.

그는 역사의 전개 과정에서 문화와 문명을 각각 구별했다. 슈펭글러는 문명을 문화와 대립시켰다. 그가 생각하기에 지금까지의 역사 서술이 가지는 근본적 오류는 문화와 문명을 단순하게 동일시한 데서 발생했다. 이러한 역사 서술 관점은 그다지 옳지 않은데 왜냐하면 문화와 문명의 관계를 삶과 죽음의 관계와 동일시하기 때문이다. 예컨대 라틴어권에서 키케로Cicero는 문화와 문명을 똑같은 내용의 개념으로 표현한다. 예술가의 도취는 문화이고 모방자의 복사는 문명이며, 지방의 소도시들은 문화이고 현대의 대도시들은 문명으로 표현된다. 즉 키케로는 문명을 문화가 사멸하면서 경직된 현상으로 이해한 것이다. 문명은 이러한 유기체적 양식의 경이로운 성장과 퇴화가 사멸해가는 단계다. 이런 점에서 슈펭글러에게 문명은 생물체다. 문명은 일정한 과정을 겪고 나서 노쇠해가면 필연적으로 수명을 다하기 마련이기 때문에 그는 "문명이란 취소할 수 없는 하나의 종말"(이 책 79쪽)로 파악한다. 다시 말해 "문명은 이루어진 과정 중 뒤따라서 생성된 것이고 생명 뒤에 오는 죽음이며, 팽창 뒤에 오는 경직이고 도리스 양식과 고딕 양식이 보여주듯 정신적 유년기에서 오는 토양이며, 지적인 노쇠기와 세계도시를 석화하는 석조로서의 토양"(이 책 79쪽)이라는 것이다.

슈펭글러에 의하면 역사란 그가 문화라고 부르는 자족적인 개별 단위의 연속이다. 모든 문화는 각자 특유의 고유한 성격을 지니고 있으며 출생하고 성장하는 모든 과정에서 그 특성들을 발휘한다. 그러나 각각의 문화는 유기체와 유사한 순환관을 지녔다는 점에서 제각기 문화의 독자성을 지닌다. 문화는 원시 사회의 미개한 상태에서 시작해 정치 제도, 예술, 과학 등을 부흥시켜가지만 처음에는 거칠고 조야한 고대풍이다가 그다음 단계에는 고전 시대로 개화되며 그 이후에는 퇴락으로 응결되었다가 마지막에는 상업화되고 세속화되는 새로운 유형의 미개 상태에 빠지면서 그 순환을 마감한다. 이 퇴화 상태의 문화에서는 새로운 것이 전혀 나오지 않고 창조력이 소진돼 사멸할 뿐이다. 그러나 이 사멸의 단계를 거치면 문화는 다시 새롭게 태어난다. 이 순환의 과정은 일정하며 순환하는 시간도 지속적으로 일정하게 유지된다. 따라서 오늘날 우리가 문화의 순환 속에서 자신의 위치를 예측할 수 있다면 미래의 문화 상황을 어느 정도 예견할 수 있다. 이의 실례는 자연과학적 실증주의에서 찾아볼 수 있다. 그래서 세계사의 형태학은 역사를 크게 뒤바꿔놓을 수 있다. 따라서 그는 "문명이란 한 문화의 불가피한 운명"(이 책 78쪽)이라 말한다. 이러한 문명을 통해 그는 "역사형태학이라는 최후의 그리고 가장 중대한 문제를 풀 수 있는 정점이 규명되었다"(이 책 78~79쪽)고 강조한다.

주지하듯이 그는 고대 그리스·로마의 고전 문화에 대해 '아폴론적'이라 불렀고 그에 대비되는 서구의 근대 문화를 '파우스트적'이라 지칭했다. 슈펭글러에게 있어서 문화는 과거와 미래의 세계사에서 나타나는 근본 현상의 형태다. 여기서 그가 말하려는 근본 현상은 괴테의 식물 변태植物變態에 대한 방법을 문화 현상에 적용한 것이다. 이미 근본 현상은 일정한 방향을 유지하고 있기 때문에 생명체로서 세계에 투영되며 구체화된다. 이런 관점에서 근본 현상은 모든 생활에 양식을 부여하며 문화의 형태를 결정짓는다. 따라서 근본 현상은 모든 현상에 의해 무한한 연속성을 나타내는 영원한 생성의 변천 과정을 겪는다. 결국 슈펭글러는 문화를 생물이나 유기체와 같이 동일하게 인정함으로써 생물비교형태학의 방법으로 문화를 이해하고자 한 것이다. 그래서 그는 모든 문화가 문화 이전 단계(봄), 문화 초기 단계(여름), 문화 후기 단계(가을), 문화 마지막 단계(겨울)를 거친다고 결론짓게 된다.

ㄴ. 문화 이전 단계

문화 이전 단계는 인간의 유년기, 사계절의 봄에 빗댈 수 있는데 이는 비코의 제신諸神 시대와 유사하다. 비코에 의하면 역사는 신의 시대, 영웅의 시대, 인간의 시대로 진행하며 이는 불가피하게 신의 시대로 되돌아가게 된다. 그리고 각 시대에는 이에 상응하는 언어가 있는데 신의 시대에는 상형문자(신성한 문자), 영웅의 시대에는 은유로 이루어진 상징문자, 인간의 시대에는 일상적인 서간체 또는 대중적 언어가 주류를 이룬다고 보았다. 문화 이전 단계는 종교적인 의식, 신에 대한 감정, 세계에 대해 불안감을 보이면서 동시에 그것을 동경한다는 특징을 갖는다. 종교와 신화는 이 시대의 두드러진 특징이며 본질에 있어서 대우주, 즉 개체의 유년기와 마찬가지로 시적인 어떤 것이 나타난다.

족장이나 봉건적인 정치·경제 기구는 이 시대의 전형이다.

이 시기를 원시 유목 단계라 할 수 있는데 이 단계에서 농경 단계로 오면 원시인은 농민이 된다. 여기서 인간은 한 곳에 정착하고 땅에 뿌리를 내린다. 한때 자연을 터부시하던 인간이 농경을 알게 되면 자연을 섬기고 숭상하게 된다. 그럼에도 농민은 역사에서 그다지 대접을 받지 못하는 존재로 남는다. 이런 점에서 농촌은 과거는 물론 현재에도 세계사의 일부로 남아 있지 않다. 농민은 문화와 무관한 존재로 간주되지만 종교에서 최신 도구에 이르기까지 도시가 만든 물건들을 대체적으로 수용한다. 하지만 그 근저에는 도시 생활을 냉담하게 바라보는 농민의 불신이 자리한다. 농민의 경건성은 기독교 신앙이 전파되기 이전의 것이라 할 수 있다. 농민은 모든 종교적·정신적 역사 영역 밖의 위상을 차지하고 있어서 사실상 역사관을 제대로 갖추지 못했다.

또한 이 단계에는 전형적인 건축의 시기, 고대 문화의 도리아스식 건축과 고트식 건축 시기가 시작된다. 이 시대에는 정치도 없고 계급, 대중, 국가도 없다. 부락의 추장을 가진 혈연 부족만이 있을 뿐이다.

ㄷ. 문화 초기 단계

슈펭글러에 따르면 문화 초기 단계는 인간의 청년기, 사계절의 여름에 해당하며 봉건 제도 시기와 귀족주의 국가 시기두 단계로 구분된다.

① 봉건 제도 시기 : 문화 초기 단계에서는 도시가 출현하고 귀족 및 성직자 계급이 등장한다. 특히 이 시기에는 도시와 귀족, 신관 계급, 가신제와 봉토, 기사 제도 등이 출현함으로써 이전 시기의 부족들이 봉건 국가로 조직되기 시작하고 성곽, 신전, 교회, 도시 등이 여기저기 생겨난다. 그리고 종교적·기사적·관념론적 가치와 같은 다양한 형태의 지식들이 분화되기 시작한다. 그러나 거의 모든 공동 조직체들에 봉건적인 색채가 농후하게 남아 있으며, 농경 문화가 여전히 지속된다. 도시는 시장의 구실을 하지만 군사적 요새이자 종교의 중심지다.

② 귀족주의 국가 시기 : 봉건적 정치·경제가 위기를 맞이하면서 귀족이 지배하는 국가가 성립하고 도시와 지식인의 역할이 증대되기 시작한다. 이 시기 종교에서는 종교 개혁이 일어난다. 인도에서는 《우파니샤드*Upanisad*》가 나타나고 서양에서는 루터Martin Luther와 칼뱅Jean Calvin이 출현한다. 그리고 사상 면에서는 데카르트René Descartes와 라이프니츠Gottfried Wilhelm Leibniz, 스피노자Baruch de Spinoza와 같은 근대 합리성의 철학자들이 등장한다. 세부적으로 보면 고대 그리스·로마 문화에서는 디오니소스적인 종교가 나타난다. 고대 문화에서는 탈레스, 아낙시만도로스, 아낙시메네스, 헤라클레이토스 등의 이오니아학파 자연철학자들과 크세노파네스, 파르메니데스, 제논 등의 엘레아학파를 계승하는 한편, 예술

형식에 있어서 고전 문화에서는 이오니아식, 서양 문화에서는 바로크식, 아라비아 문화에서는 이슬람 및 무어식이 전개된다. 정치·경제적으로는 도시 생활이 시작된다.

ㄹ. 문화 후기 단계

문화 후기 단계는 인간으로 치면 장년기, 사계절로 치면 가을에 해당하는 시기로 문화가 완전히 성숙 단계에 이른다. 이 시기는 계몽의 시대라 일컬어지며 성숙한 지적 창의력이 절정에 이른다. 또한 이성의 전능성에 대한 신념이 이 시기를 특징짓는다.

이 시기 서구 문화에서는 18세기 로크John Locke, 버클리 George Berkeley, 흄David Hume 등의 영국의 합리주의자들과 볼테르Voltaire, 루소Jean Jaques Rousseau, 돌바하d'Holbach, 엘베시우스Claude Adrien Helvétius, 튀르고Anne Robert Jacques Turgot, 디드로Denis Diderot 등을 비롯한 프랑스의 백과전서파[56]가 배출되었다. 수학 쪽으로는 오일러Leonhard Euler와 라그랑주 Joseph Louis Lagrange가 두각을 드러냈다. 이들 다음으로는 칸트Immanuel Kant와 낭만주의자 괴테Johann Wolfgang von Goethe, 셸링Friedrich Wilhelm Joseph von Schelling, 헤겔Georg Wilhelm Friedrich Hegel, 피히테Johann Gottlieb Fichte 등이 등장했다. 아라비아 문화에서는 18세기 서양의 합리주의자들과 견줄 만한 이들로 무타자리테스Mutazalites, 나잠Nazzam, 알 킨디Alkindi, 수피Sifi 등이 등장했다. 서구 낭만주의자들과 형태론적으로 동시대인이라 할 수 있는 알 파라비Alfarabi와 아비센나Avicenna도 이때 출현했다.

이 시대가 되면 국가와 정부라는 개념이 현실에서 완전한 형태로 실현되고 부르주아지가 출현하고 성장한다.[57] 도시는 질과 양 모든 측면에서 발전하고 농촌은 정치, 경제, 사회, 사회, 과학 등 모든 방면에 걸쳐 지배를 받게 된다. 이로써 도시의 가치가 농촌의 가치보다 우위를 선점하게 되고, 돈이 토지에 승리한다. 도시가 농촌을 착취하고 부르주아지가 지배적인 위치에 오른다.

ㅁ. 문화 마지막 단계

문화 마지막 단계는 불특정 다수로 이루어진 거대한 규모의 문명이 나타나는데 이는 사람으로 치면 노년기, 사계절로 치면 겨울에 각각 해당된다. 이 문명의 시기에는 대도시와 제국, 불특정 무형의 집단과 대중이 일반적인 현상으로 등장한다. 이 단계에서 국가, 민족, 사회 신분 등이 점차 분화되기 시작하고 도시는 병리학적으로 타락한 대도시로 변화하면서 제4계급인 대중이 등장한다. 이처럼 혼란스러운 무정부 상태에서 카이사르주의가 나타나고 전제적 독재 정치의 지배를 받게 된다. 문화 말기에 돈이 신분을 압도했듯이 마지막 문명기에는 폭압적인 힘의 정치가 돈의 정치를 누른다.

문화의 쇠퇴기란 곧 문명의 시기이며 이러한 문명기는 다음과 같은 특징을 보인다.

① 세계주의를 표방하는 대도시가 민족, 혈족 집단, 조국과 대립한다.

② 과학적 무종교 또는 추상적인 죽은 형이상학이 종교를 대신한다.

③ 냉혹한 사실주의가 권위 및 전통의 숭배와 대립한다.

④ 국제 사회(즉 세계)가 나의 나라, 나의 국가를 대신한다.

⑤ 돈과 추상 가치가 토지나 실질 가치보다 높이 평가된다.

⑥ 민족보다 대중이, 모성애보다 이성애가 높이 평가된다.

⑦ 제국주의와 도시화 현상이 나타난다.

⑧ 문명인의 외향적 정력 소모가 문화인의 내향적 정력 소모를 대신한다.

⑨ 숭배가 유행한다.

⑩ 여러 학설의 혼합주의가 지배적이게 된다.

⑪ 권력 추구가 격렬해진다.

⑫ 계급 간의 통합보다 투쟁이 격화된다.[58]

이러한 문명 단계는 화석화된 상태로도 수백 년, 수천 년 동안 지속될 수 있다. 그 실례가 중국, 인도, 이슬람 세계다. 주지하듯이 봄, 여름, 가을은 출생, 성장, 성숙의 기간으로 창조적 활동기에 속하는 문화의 시기다. 반면에 겨울은 쇠퇴의 기간으로서 대도시가 등장하면서부터 창조성이 고갈되고 물질적인 향락과 황금만능주의가 판치는 문명의 쇠퇴기로 바뀌어간다. 이 문명 시기의 전기에는 금권이, 후기에는 정권의 만능이 각각 사회를 지배한다. 후기의 정권 만능은 전쟁을 유발해 마침내 군국주의와 독재주의를 통해 사회의 정의를 무너뜨린다.[59] 슈펭글러는 서로 다른 시기의 두 문화가 형태학적으로 유사하게 대도시 및 세계도시와 제국주의 시대에 처한 현실을 다음과 같이 예로 든다.

우리는 트로이 전쟁과 십자군, 호메로스와 니벨룽겐의 노래에서 시작해 도리스 양식과 고딕 양식, 디오니소스 운동과 르네상스, 폴리클레이토스와 바흐, 아테네와 파리, 아리스토텔레스와 칸트, 알렉산드로스와 나폴레옹을 거쳐 두 문화의 세계도시 시대와 제국주의 시대에 이르기까지 우리 자신이 처한 현실의 변함없는 옛 자아를 발견하게 된다.(이 책 69쪽)

아테네와 파리를 비롯하여 바빌론, 테베, 알렉산드리아, 로마, 콘스탄티노플, 런던, 뉴욕, 베를린 등은 위 인용문에서 얘기하는 대도시에 해당하는데, 이러한 대도시에서 인간은 문명의 부패 현상으로 말미암아 부정적 상황을 맞게 된다. 세계도시는 죽음의 기운에 휩싸여 발버둥을 치며 이러한 몇

몇 거대 도시들 주변에 있는 지방은 마치 대도시를 위해 존재하는 양 대도시에 종속되어가며 관심 밖으로 밀려난다. 이렇게 몇몇 대도시와 세계도시가 지방을 지배한다. 이러한 문명 시기는 다음과 같이 말할 수 있다.

첫째, 대도시나 세계도시의 출현은 지적 유목민을 낳는다. 이 시기에는 지적인 안식처를 찾지 못하고 유목 시대의 사냥꾼처럼 도시에서 탈출해 유랑민 생활을 떠돌기 시작한다.

둘째, 대도시 및 세계도시의 사람들은 정신생활의 만족을 찾는 행복보다는 물질생활의 물질적 행복과 윤택함을 앞세우는 동물적 근성을 십분 발휘하여 거대한 과학기술의 노예가 된다.

셋째, 대도시나 세계도시는 창조력을 상실한 인간을 만들어 낸다. 창조력을 상실한 이들은 정신적 창조력을 상실하게 되고, 형식과 외형을 추구하는 사치스러운 몸치장에만 정신이 팔린 나머지 금권 투쟁, 권력 투쟁, 그리고 동물적인 본능적 투쟁만이 난무하게 된다.

넷째, 이 시기에는 창의적인 철학은 점차 사라지고 철학이 단지 상아탑의 직업적인 정신적 훈련이 되어버린다. 이 시대의 지배적인 정치 형식은 민주 정치지만 이것은 곧 독재 군주 정치와 제국주의로 발전한다.

인간과 인간 사이의 관계를 순수하게 결속할 기반이 그다지 없는 문명 사회에서 사람들은 대부분 자기 자신의 일에만 몰두하며 옆집 이웃에 대해서조차 잘 알지 못한다. 종교적인 신념은 쇠퇴해 점차 소멸하며 회의주의가 철학 사조를 지배한다.[60] 여기서 "회의주의적인 행동은 심리적인 태도를 취한다. 회의적인 철학은 헬레니즘에서 철학에 대한 부정으로 등장했다."(이 책 106쪽) 하지만 모든 것을 상대주의적이고 역사적인 현상으로 이해할 때 이 회의주의는 끝이 난다. 이 시기 모든 곳에서 퍼져나가는 정신적인 풍조는 세계의 환멸과 권태와 관련된 것이다. 한 문화가 이처럼 쇠퇴할 때는 언제나 유물론적인 세계에 대한 전망이 나온다. 이때는 과학과 효용성 그리고 이에 대한 진보를 예찬하게 된다.

ㅂ. 세계사의 형태학

슈펭글러는 모든 인간 사회를 공정하고 객관적으로 묘사할 수 있는 '세계사의 형태학Morphologie der Weltgeschichte'을 정립하고자 했다. 그는 모든 인간 사회의 역사를 삶의 현상으로 간주했다. 세계사는 삶의 현상과 마찬가지로 다양한 형식들을 지니고 있다. 이러한 여러 형식들은 서로 비교될 수 있으며, 상호 비교되는 많은 형식들은 동일한 과정의 법칙을 확인하게 해준다. 이러한 사실에 기반을 둔 슈펭글러의 세계사의 형태학은 문화의 붕괴란 불가피하다는 운명론적 관점에서 출발한다. 지금까지 세계사의 형태학은 문명의 이행 과정을 보여주었으며 서구의 경우에는 19세기에 들어서면서 서서히 몰락의 징조를 목격하게 되었다. 이처럼 문화에서 문명으로 이행하는 과정에서 몰락의 징조를 극복하기 위해 "모든 문화는 세계사의 형태학적 관계를 철학으로 확정"(이 책 97쪽)해야 한다고 슈펭글러는 주장한다. 역사 고찰은 참된 의미의 철학이어야 하며, 그렇게 진행되지 못한다면 단지 개미의 단순한 일에 불과할 뿐이라는 것이 그의 의견이다.

이러한 슈펭글러의 관점에 대해 역사학자 콜링우드는 세계사의 형태학적 근거를 외부의 분석, 일반 법칙의 정립, 과학적인 원리에 의한 미래의 예언 등에서 찾았다. 콜링우드 Robin George Collingwood에 의하면 여러 사건들에 대한 관점은 유기적으로 성장하는 것이 아니라 실증주의적인 토대 위에서 기술해야 한다고 보았다. 하지만 세계사의 형태학적 관점에서 각 사건들을 바라보는 까닭은 그것들의 상호 비역사적인 연관성을 파헤치기보다는 보다 객관적인 사실을 규명하려는 데 있다. 따라서 슈펭글러에게 사건들의 상호 관계란 공간적·시간적이고 형태학적이며 구조의 동일함을 의미했다. 역사에 대한 그의 비역사적이고 자연주의적인 관점은 모든 문화의 내부에서 일어났던 견해와 다소 일치한다. 어떤 문화에서 진행되는 여러 단계들은 단지 역사적인 사실에만 근거를 두지 않는다. 예컨대 각각의 문화들은 벌레의 생명이 알, 유충, 번데기, 성충과 같이 단계별로 진행되는 현상과 별반 다름없다. 이 단계별 진행 과정에서 지금까지 서술해온 역사의 관념론적인 흐름을 전적으로 부정한다. 문화의 모든 단계는 시간이 유수히 흘러감에 따라 그 안에 살고 있는 개인들이 무엇을 하든 상관없이 자연스럽게 다음 단계로 넘어간다.

나아가 모든 문화는 언제나 다른 문화와 구별되기 마련이며 그렇기 때문에 내부의 문화들을 서로 비교하여 정리하고자 하는 자신만의 고유한 특성을 지니게 된다. 종종 비교되는 그리스 문화의 그리스적인 것, 서구 문화의 서구적인 것은 그 문화 안에 살고 있는 사람들에게 정신적인 삶의 이념으로서 단순하게 파악되지 않는다. 또한 흑인들의 검은 피부색소나 스칸디나비아인의 파란 눈과 마찬가지로 그 특성도 자연스러운 소중한 자산이다. 슈펭글러는 이렇듯 자기 이론의 전반적인 토대를 선적인 역사적 흐름 방식을 배제하고 역사적인 것에 자연주의적 관점을 대립시켜 전개하는 데 두고 있다.[61] 슈펭글러는《서구의 몰락》에서 내세우는 관점을 "역사 영역에서의 코페르니쿠스적 발견"(이 책 52쪽)으로 여기고자 한다. 왜냐하면 여기서 "고대 그리스·로마와 서양이 인도, 바빌론, 중국, 이집트, 아라비아 및 멕시코 문화"(이 책 52쪽)들에 비해 특권적 위치를 차지하는 것을 허용하지 않을 뿐 아니라, 이러한 문화들은 역동적인 존재가 만들어낸 독립된 세계이니 만큼 역사를 전체적으로 차지하는 면적에 있어서 유럽 문화에 못지않은 중요성을 갖는다고 보기 때문이다.

따라서 슈펭글러에게 있어서 문화들은 생물학적 존재와 마찬가지로 출생과 생성과 노사를 되풀이할 뿐이며, 문화들 상호간에는 어떠한 공통성도 존재하지 않는다. 각각의 문화는 절대적으로 고유한 특성을 간직할 뿐이다. 결국 슈펭글러의 관점에서 각각의 서로 다른 문화는 특유의 개성을 갖고 있을 뿐만 아니라 다른 문화의 영향을 받든 그렇지 않든 간에 결코 개성이 변화하지 않는다. 그래서 그의 문화 이론에서는 문화의 이식이니 동화同化니 하는 것이 전적으로 배제되어 있다. 그러면 각 문화의 고유성은 어떻게 형성되며 그 고유성은 구체적으로 어떠한 것인가?

ㅅ. 문화의 주요 상징들 : 아폴론적, 파우스트적, 마고스적 문화 유형

슈펭글러에 의하면 각각의 고유문화는 주요 상징을 지니고 있으며 이것은 문화의 보이지 않는 깊은 구석까지 퍼져 있기 때문에 그 문화 특유의 기본적이고 본질적인 특성들을 생산해낸다. 즉 문화의 주요 상징들은 과학, 철학, 종교, 예술, 사고방식, 행태 양식 등 정신과학의 내용들을 기본적으로 수렴하면서 우리의 생활과 사상의 모든 영역에 걸쳐 이미 깊숙이 들어와 있다. 무엇보다 문화의 주요 상징은 조형 예술과 음악, 건축과 같은 미학적 분야에서 잘 드러난다. 슈펭글러는 세계 문화의 형태를 크게 세 가지로 구분해 아폴론

형, 파우스트형, 마고스형으로 보았는데 아폴론형에서는 감각적으로 표현된 개체가, 파우스트형에서는 순수하고 무한한 공간이, 마고스형에서는 선악의 끊임없는 투쟁이 각각의 문화를 대표하는 주요 상징이 된다.

가령 나체 조상은 아폴론적이고 푸가 기법[62]은 파우스트적이라 할 수 있는데, 작은 도시국가, 사원, 기하학의 이상적 모양들, 나아가 인간의 냉정성과 예견할 수 없는 운명을 조용히 받아들이는 고전적 태도를 눈에 보이는 형태로 상징화한, 조화로운 윤곽과 침착한 태도로 표현된 독자적으로 서 있는 나체상들이 아폴론형의 좋은 본보기다. 이 외에도 아폴론형은 기계적인 정역학, 올림피아 제신諸神의 감각적 예배, 정치적으로는 개별적인 그리스의 도시국가들, 오이디푸스의 운명 및 남근상, 가톨릭교와 프로테스탄트의 교의학敎義學,[63] 바로크 시대의 절대 왕조들, 리어 왕의 운명, 단테의 베아트리체에서 《파우스트Faust》 제2부 끝줄에 이르기까지의 마돈나의 이상理想[64] 등에서 나타난다.[65] 아폴론형과 파우스트형의 주요 상징들은 고대 문화와 서구 문화의 예술, 과학, 종교, 정치, 문학 모든 분야의 기본 특성들을 결정한다. 또한 아폴론형의 고대 문화와 파우스트형의 서구 문화는 철저히 상호 배타적인 성격이 소멸할 때까지 각자의 문화를 고수한다. 인간의 행동과 사색을 정적인 과점에서 바라본 아폴론형 문화는 인간의 냉정성을 유지하며 미래의 예견할 수 없는 운명을 겸허히 받아들이는 고전적인 태도를 가시적인 형태로 상징화했다. 또한 아폴론형 문화는 꿈의 개념에 의존하여 그 꿈을 조형 예술로서 자연의 모형으로 형상화했다. 이렇게 하여 아폴론형 문화는 인간의 조형을 힘의 표현으로 묘사하는 동시에 상상력의 산물로 기술했다.

반면에 파우스트적 인간은 고대의 천편일률적으로 획일화된 조각의 비극에 이의를 제기하기보다 초상화나 개인의 재능을 개발하는 드라마를 중요하게 여겼다. 그들은 고대 그리스 아폴론인들이 그동안 정적인 것으로 여겼던 세계를 동적인 세계로서 보다 적극적으로 바라보았다.[66] 이렇게 하여 슈펭글러는 니체의 관점에 따라 아폴론적인 것을 질서, 형식, 논리, 수학, 조화, 꿈, 합법성 등으로 간주하고 디오니소스적인 것을 변화, 도취, 리듬, 춤, 파괴와 창조, 일체성 등으로 파악했다. 전자가 질서와 조화를 통해 조형 예술(미술)을 만든다면 후자는 리듬과 도취를 통해 비조형 예술(음악)을 생산해낸다. 전자가 비극 예술을 창조하는 수동적 힘이라면 후자는 그러한 창조의 능동적 힘을 만들어낸다. 따라서 인간은 전자 속에서 개별 원리를 깨닫는다면 후자 속에서는 개별 원리를 벗어나 생의 본질과 합류한다.

이와 대조적으로 파우스트인(서구인)을 상징하는 것은 두 개 이상의 성부가 번갈아 연주되는 이른바 푸가 기법이다. 괴테의 영웅 파우스트는 뒤에 숨어 있는 영원한 휴식과 도달할 수 없는 무한한 세계를 추구한다. 그들은 하늘을 향하고자 하는 중세의 사원에서 시작해 르네상스와 17세기 미술의 원근법과 색채에서 탈출구를 찾았다. 르네상스 시대에는 공간의 영역을 자로 잰 듯이 평면 위에 옮겨 실제처럼 보이게 하는 방법이 처음으로 발명되는 등 원근법과 기하학이 발달했다. 그 실 로서 당시의 화가였던 브루넬레스키Fillippo Brunelleschi (1377~1446)와 알베르티Leon Battista Alberti(1404~1472)는 공간에 대한 구체적이고 과학적인 인식을 제공했다. 브루넬레스키는 건물의 크기를 자로 정확히 측정한 다음, 비례를 축소시켜 원근법적 방법으로 나무판 위에 옮겨 그렸다. 이 원근법에는 소실점이 있으며 그 소실점을 중심으로 바라보는 세계가 펼쳐진다. 알베르티는 공간에 대한 수학적 인식, 즉 유클리드의 기하학적 원리에 꼭 들어맞는 원근법을 확립했다. 이 두 사례를 통해 르네상스 화가들이 인체의 신비를 우주의 기하학적·수학적 질서와 일치하는 것으로 보았음을 확인할 수 있다. 원근법은 인간의 시각으로 세계의 비례를 측정하고자 발견된 방법인 셈이다.[67] 이렇듯 르네상스 시기에 진정한 화가가 되기 위해 가장 먼저 배운 것은 데생이 아니라 기하학이었다. 그리고 파우스트인은 영적인 무한성을 추구하는 추상적 언어를 구사하려는 음악에서 결말을 맺었다. 파우스트인은 최고를 꿈꾸는 개인주의자로 군림하면서 고대의 획일적인 조각의 비극에 반대했지만 초상화와 개인 향상의 드라마를 높이 치켜세웠다. 따라서 파우스트인은 아폴론인과 파우스트인의 거리를 극복하기 위해 코페르니쿠스Nicolaus Copernicus(1473~1543)의 우주관, 개척자의 신앙[68] 등 가장 고상한 상징들을 만들어냈다.

한편 마고스인(아랍인)은 빛과 암흑을 중요한 개념으로 대조시키면서 동굴을 인생의 빛이 스며드는 것으로 묘사했다. 마고스적인 선과 악 사이의 이원론은 서로 끊임없이 투쟁한다. 여기서 마고스적이라는 개념은 그리스어 '마고스Magos'에서 나왔는데 이는 '마술쟁이'라는 뜻이다. 마고스적 아라비아 문화는 신플라톤주의 철학[69]이 일어난 4세기 무렵에 지중해 해안가를 중심으로 한 새로운 문화로서 아폴론적인 것과는 다르게 비형체적이고 대수학적이며 연금술적인 문화를 가리킨다.[70] 마고스적 아라비아 문화에는 "대수학, 점성학, 연금술, 모자이크와 아라베스크, 칼리프 제도와 회교 사원, 유대교, 조로아스터교, 기독교, 마니교, 후기 고대 그리스·로마 종교 등"[71] 기본적인 상징들이 등장한다. 즉 마고스적인 아라비아 문화는 건축, 조각, 회화, 음악, 문학, 철학, 정치학에서 자신의 독특한 스타일을 갖고 있다. 마고스인은 앞서 언급한 아폴론인이나 파우스트인이 추구하는 합리성이나 논리적인 판단 대신에 논리를 뛰어넘는 절대적인 일치를 내세운다. 만약 신이 하나라면 정치와 종교의 분리는 있을 수 없다. 따라서 아라비아 세계에서 정치와 종교의 분리란 불가능하며 무의미한 일이다. 이러한 차원에서 로마와 유대교, 마호메트교, 정교회는 모두 유사하다.[72] 다시 말해 마고스적 문화는 "키루스Cyrus 이후의 페르시아 종교와 유대 종교 안에서 나타났는데, 세계의 4기紀에 관한 〈다니엘서〉의 가르침에서 묵시록적인 해석을 받아들였고 동방의 여러 기독교적 종교들에서, 무엇보다 그노시스주의적 체계에서 하나의 세계사로 형성되었다."(이 책 52쪽)

이렇듯 슈펭글러는 대우주적인 인물들이 공간과 시간의 형식에 대한 자신들의 특수한 표현 방식을 지닌다고 보고, 궁극적으로 각 문화에 근원 상징을 설정함으로써 그들 문화의 독자성과 독립성에 기초한 역사의 비교 연구를 가능하게 했으며, 나아가 각 문화의 특성과 특징을 이해하는 데 많은 도움을 주었다.

ㅇ. 역사순환론

슈펭글러의 문화유기체론의 또 다른 주된 특징은 문화와 생물 유기체의 발전 과정이 유사하다는 점에 근거를 둔 역사순환론이다. 그의 역사순환론은 고대 그리스의 역사관[73]을 비롯하여 근대 이탈리아의 철학자인 비코의 견해에서도 잘 드러난다. 비코에 따르면 역사는 사실에 근거하여 일정한 경향과 순환 과정을 추론해낼 수 있다. 따라서 그는 역사의 주기적인 운동을 파악하고자 했다. 이러한 그의 생각은 서구 역사철학의 한 원리를 제공했으며, 현대에 들어와 토인비Arnold Joseph Toynbee의 비교문명론에 이론적 근거를 제공했다. 주지하듯이 토인비는 경험적으로 조사한 사료에 근거해 역사의 순환 과정을 제시했다. 토인비는 고대 그리스 시대 이후 다소 등한시되었던 역사의 순환 사관을 다시 강조함으로써 고대와 근대 사이의 역사적 동시대성을 발견하고자 했으며 역사의 토대를 문명에 정초하고자 했다. 그는 문명을 유기체로 간주하면서 문명이란 발생, 성장, 쇠퇴, 소멸의 과정을 주기적으로 되풀이한다고 보았다.[74] 아울러 슈펭글러는 경험적인 역사가들이 주장한 고대-중세-근대라는 역사를 해석하는 구분법이나 한동안 유행하던 직선적인 역사 해석에 대해 이의를 제기했다. 왜냐하면 고대-중세-근대의 시대 구분은 발전사관이 낳은 시대 구분이기 때문이었다. 즉 "고대-중세-근대라는 계열에서 그 영향은 마침내 다 고갈되어버렸다. 그것은 과학적인 토대로서는 좁고 얄팍했지만 우리의 성과를 정리하는 데 필요하며 비철학적으로는 전혀 이해되지 않는 유일한 형식을 설정했다."(이 책 59쪽)

이러한 시대 구분은 서양의 역사를 중심에 놓고 설정하면서 비롯되었다. 이는 서구 문화가 인류 역사의 발전에서 최고로 발전한 단계이고 비서구 사회는 그보다 한참 뒤떨어진 미개한 단계로 보는 편향적인 서구 중심 사관이다. 이러한 발전 사관에 근거한 시대 구분은 문화의 이질성을 무시하고 모든 문화의 동질성만을 강요한다. 슈펭글러의 역사관에서 주목할 만한 특징은 지금까지의 유럽중심주의 역사관에서 벗어나 역사의 모든 범위를 포괄하는 인류의 역사로 시야를 확대했다는 점이다. 슈펭글러는 이런 자신의 역사관들이 지닌 특징을 코페르니쿠스적 전회로 파악했다. 즉 그는 당대에 유행하던 역사관을 천동설을 주장한 프톨레마이오스적 역사관에 비유하고 자신의 역사관을 지동설을 주장한 코페르니쿠스적 역사관에 각각 비유한 것이다.[75] 궁극적으로 슈펭글러의 새로운 점은 전통적인 고대-중세-근대라는 연속적인 역사적 흐름을 멀리하고 서로 다른 문화와 문명들을 비교 연구하는 데 있었다.

슈펭글러의 역사순환론은 괴테와 니체의 사상을 연관 짓기에 이르렀다. 그에게서는 인류 문명의 운명에 대한 침울한 비관이 짙게 번져나왔는데, 그에게 인류의 역사는 생물체로서의 의지나 목적, 계획 없이 정해진 과정을 그대로 밟지 않으면 안 되는 운명의 유기체이자 출생, 성장, 노사의 과정을 겪는 생물 유기체와 같았기 때문이다. 그에 의하면 종種이 다른 생물체들이 개성이나 개체는 각각 다르다 할지라도 개체의 기관들은 유사하듯이 문화들도 시기와 개체가 다를지라도 출생, 성장, 노사라는 기본적인 과정을 공통으로 겪는다.

슈펭글러처럼 역사 전개 과정을 생물 유기체에 비유하는 경우는 그 기원이 아주 오래되었다. 이는 플라톤과 아리스토텔레스의 사상에서 유래했으나 이를 역사관에 잘 적용한 이는 헤르더Johann Gottfried von Herder가 처음이었다. 헤르더는 《인류의 역사철학에 대한 이념Ideen zur Philosophie der Geschichte der Menschheit》에서 인류 문화가 유기적 통일체임을 강조하고 각 문화의 정신은 인류의 모든 발전에 독자적 공헌을 한다고 주장했다. 이러한 주장과 유사하게 슈펭글러는 《서구의 몰락》에서 단일한 직선적 역사 발전을 거부하고, 여러 문화권이 마치 살아 있는 생물체처럼 성장에서 소멸의 단계로 순환하거나 진화하기 때문에 문화의 미래도 예측 가능하다고 보았다. 독일이 1차 세계대전에서 패망한 해인 1918년에 《서구의 몰락》 제1권을 펴낸 슈펭글러는 유기체 역사관의 코페르니쿠스적 혁명을 요구하면서 종래의 고대-중세-근대의 삼분법을 적나라하게 비판했다. 그리고 역사는 문화의 '비교형태학'으로 기술해야 하며 그 속에서 문화의 생활 형태, 리듬, 법칙 등을 탐구해야 한다고 주장했다.

슈펭글러의 관점에서 문화는 관습적으로 일치하는 관념을 갖고 있는 어떤 집단의 활동들, 즉 예술, 종교, 정치, 군사 등을 나타내는 일종의 정신적 형성물인데, 이는 사람들이 생활하는 공간에 대한 독특한 관념으로 표현된다. 예컨대 여러 세계 문화 가운데서도 고대인은 구체적이며 현세적인 아폴론적 공간 감각을, 현대 서구인은 무한히 뻗어나가려는 확장적인 파우스트적 공간 감각을, 아라비아인은 신비적인 공간 감각을 갖고 있다는 것이다. 무엇보다 슈펭글러의 역사관은 역사를 근본적인 생물학주의Biologisierung로 본다는 점이 특징인데, 이는 역사 과정을 추진시켜나가는 힘은 다름 아닌 원적인 생명력에 있다고 본다.[76] 이렇듯 슈펭글러는 근본적인 생물학주의에 기반을 둔 역사순환론적 사관을 중심으로 역사형태학의 중요한 문제를 풀어낼 법칙을 탐구하고 문화의 미래 운명을 예측하는 한편, 각 문화들은 탄생, 성장, 사멸에 이르기까지 약 1,000년을 기점으로 각 문화의 역사적 생성을 진행해 왔다고 예견한다.

(2) 슈펭글러의 영향사 : 괴테와 니체를 중심으로

ㄱ. 역사 이해 방법론 : 형태학적 방법론

슈펭글러는 역사를 두 가지 관점에서 이해한다. 하나는 광의의 목표로서 새로운 역사 방법론을 과거의 다른 시대와 문명에도 적용해보고자 하는 것이며, 다른 하나는 협의의 목표로서 실제로 1800~2000년에 걸친 서유럽과 미국의 상황을 조명해보는 것, 즉 전 세계에 널리 퍼져 있는 서구 문명의 몰락을 실질적으로 분석하는 것이었다. 그는 자신의 이러한 새로운 역사 이해 방법론을 형태학적 방법론이라 불렀다. 물론 그 이전에도 이와 유사한 방법론은 많이 있어왔으나 슈펭글러와 같이 뛰어난 역사적 영감을 가진 경우는 드물었다.

슈펭글러가 1923년의 개정판 머리말에서도 밝히고 있듯이 그의 사상은 괴테와 니체에게서 영향을 받았다.[77] 그는 "괴테에게서 방법을 배웠고 니체에게서 질문을 설정하는 문제를 얻었다."(이 책 22쪽) 그리고 그는 괴테에게서 자연과학자로서의 사상과 철학자로서의 사상을 물려받았다. 그가 자연과학자로서 괴테에게서 발견한 것은 바로 '형태학적 방법'의 모형이었다. 그는 자연 현상을 전체적인 문명의 영적인 깊이로서 관찰한 괴테의 사상을 긍정적으로 평가했다. 그리고 그는 철학자이자 문학자였던 괴테로부터 "일시적인 모든 것은 단지 은유에 불과하다"라는 이념을 물려받았다. 이것은 괴테의 《파우스트》 마지막 장면에 나오는 내용으로 슈펭글러의 《서구의 몰락》의 주제가 되었다. 괴테에 의하면 인간의 모든 것과 역사의 모든 사건은 거대한 숨겨진 진리를 반영하는 덧없는 흐름에 지나지 않는다. 역사란 일종의 실체를 비추는 그림자놀이다.[78] 다시 말해 역사란 일종의 단편적이고 부분적인 형태로 영원한 영적 구조를 나타내고 있는 사건들과 이념들의 세계다.

　이로써 그는 문화가 지닌 '보편적 상징주의'를 내세우면서 그 기초를 이루는 주요 상징들을 제시했다. 그에 의하면 "세계사의 형태학은 필연적으로 보편적 상징주의"(이 책 107쪽)다. 이 보편적 상징주의에서는 니체의 관점에 따라 고전 문화를 아폴론적이라 부르고 아라비아 문화를 동방의 배화교

현안들을 따라 마고스적이라 부르며 서양 문화를 파우스트적이라 부른다. 이렇듯 그는 세계 문화의 형태를 크게 아폴론형, 파우스트형, 마고스형으로 나누고 각각을 대표하는 문화로 고대 그리스에서 나타나는 고대 문화, 서구 문화, 중세의 아라비아 문화를 제시했다.

우리는 흔히 다양한 문화들의 특성과 고유성에 대해 이야기할 때 모든 생활과 사상은 기본적 태도에 깃들어 있어야 한다고 말한다. 슈펭글러는 그가 이야기하는 기본적 태도들이 미학, 미술, 음악, 수학, 건축, 한 걸음 더 나아가 정치, 경제, 전쟁 등 사회 현상 속에서 나타난다고 보았다. 이 기본적 태도는 역사를 제대로 인식하고 인간 정신의 특징을 뜻하는 일종의 문화적 패러다임이며 마스터 패턴master-pattern이다. 여기서 마스터 패턴이란 개별적인 고유문화의 주요 상징을 가리키는데, 이는 각 문화들이 살아 있는 생물 유기체와 같이 출생, 성장, 노사의 과정을 밟고 있음을 시사한다. 하지만 각각의 문화들은 그 나름대로 변하지 않는 '절대적인 문화 고유성' 또한 간직한다. 따라서 각각의 문화들은 근본적으로 서로 영향을 받지 않으며 문화들 사이에서 일어나는 이식이나 동화 또한 근본적으로 인정되지 않는다. 역사 사건이나 사실들의 인과적 연관 관계나 이념들 사이의 논리적 관계도 가능하지 않다.

결과적으로 우리가 지금껏 고유문화라 불렀던 것들은 제

각기 절대적 상징주의를 간직한다고 하겠다. 예컨대 아라비아인은 대수학을 발명했고, 고대인은 기하학을 고안해냈으며, 서구인은 계산법을 발견했다. 하지만 이들 문화 사이에 실질적인 긴밀한 연관 관계는 없다. 비록 이들 문화들이 서로 영향을 주고받은 것처럼 보인다 할지라도 그러한 현상은 부차적일 뿐이다. 단적으로 아라비아 문화는 아라비아 문화일 뿐이고 고전 문화는 고전 문화일 뿐이다. 같은 수數라도 고대인에게는 양적 크기로 받아들여진다면 서구인에게는 단순환 관계로 받아들여진다.

슈펭글러는 니체의 철학적 사유에 많은 영향을 받았지만 내용적으로는 상당히 다르다. 특히 주목할 만한 관점은 슈펭글러의 국가관이다. 니체가 국가, 특히 신독일주의 국가를 혐오한 반면에 슈펭글러는 국가를 자신의 역사 연구의 중심부에 두었다. 개인의 역할을 역사 과정에 묶어두려 하는 슈펭글러의 주장은 개인에 대해 최고의 소중한 가치를 강조했던 니체와 정면으로 맞서지만, 국가의 역할을 강조한 독일 관념론자로서 절대 국가를 강조했던 헤겔의 이론과는 유사한 점이 많다. 슈펭글러는 니체가 문화의 보편성과 모든 도덕적 가치의 절대성을 부정하고 상대성을 강조함으로써 새로운 역사의 전망을 활짝 열어놓았다는 사실을 인정한다. 즉 니체는 《도덕의 계보 Zur Genealogie der Moral》에서 선과 악, 좋음과 나쁨이라는 개념을 둘러싸고 있는 이중의 역사를 밝혔다. 니체에게 있어서 "선과 악, 좋음과 나쁨이라는 두 개념의 대립되는 가치는 이 지상에서 수천 년간 지속되는 무서운 싸움을 해왔다."[79] 하나는 강자, 귀족의 도덕으로서 우와 열의 개념이고, 다른 하나는 약자, 노예의 도덕으로서 선과 악의 개념이다. 그는 그리스어, 라틴어, 독일어의 어원 분석을 통해서 선과 악, 좋음과 나쁨 개념의 두 계통을 밝혀내고, 문제의 실마리를 향해 접근해갔다. 단적으로 "니체는 이미 모든 결정적인 문제들을 이해하고 있었다."(이 책 112쪽) 하지만 니체는 객관적 비교형태학의 개척자가 되지는 못했다. 왜냐하면 니체는 군국주의와 제국주의 등 서유럽 문명의 다양한 가치들을 적나라하게 비판하고 그에 대한 가치의 전도를 주장했지만 개인적 비판과 예언에 그쳤을 뿐 그것들을 뛰어넘는 새로운 지평선, 즉 고대-중세-근대와 같은 시대 구분을 극복하지 못했기 때문이다.

슈펭글러는 이렇듯 니체가 《반시대적 고찰Unzeitgemaße Betrachtung》의 〈삶에 대한 유익함과 해로움〉이라는 장에서 그 시대에 무엇을 부정하고 비판해야 하는지는 알았지만 무엇을 긍정해야 하는지는 제대로 인식하지 못했다고 비판했다.[80] 이런 점에서 니체는 "낭만주의자로서 냉엄한 현실을 감히 직시하지는 못했"(이 책 112쪽)다. 결국 슈펭글러의 입장에서 볼 때 니체의 역사관은 보편적 상징주의에 의한 역사적 통찰력이 결여하고 있는 것이다].

하지만 슈펭글러가 모방이나 장식을 통해 예술을 분류할 수 있다고 파악한 데는 분명히 니체의 영향이 작지 않다. 여기서 모방은 시간과 방향 그리고 살아 있는 모든 것을 대상으로 하는데, 모방은 시, 무용, 음악에서도 자발적인 예술의 한 표현이 되며 건축에서도 문화의 최초 예술 형식이 된다. 모방의 대체적인 의미는 첫째로 말, 노래, 무용을 통해 동물이나 인간을 흉내 냄으로써 그 모습이나 행위를 직접 재현하기, 둘째로 실제로 흉내를 내지 않고도 한 사람이 다른 사람을 흉내 내기, 셋째로 물질적인 형태로 사람이나 사물의 모습을 복제하기 등이다. 장식이란 일반화된 감정-이념의 한층 자기 의식적이고 객관적인 상징인데 비해 모방은 지식과 숙달을 필요로 한다. 파우스트적인 문화에서는 로마네스크의 건축과 조각이, 마고스적 문화에서는 초대 기독교의 지하묘의 회화가, 이집트적 문화에서는 제4왕조의 열주 대청들이 이러한 모방에 속한다. 이렇듯 슈펭글러가 아폴론적, 파우스트적, 마고스적 문화 유형을 각각 분류하고 이 문화 유형들 사이에서 보이는 모방과 장식의 연관 관계를 살펴보는 데는 분명 니체의 비판 정신과 역사 순환 사상이 반영되어 있다고 할 수 있다. 니체는 그리스 예술의 특성이 아폴론과 디오니소스에서 유래했다고 추정하고 이 두 신을 인간과 자연의 충동과 연결시켰다. 니체의 이러한 분류법이 예술의 형식과 내용을 중심으로 이루어진 것이라면 슈펭글러의 분류는 주로 시간과 공간을 중심으로 체계화되어 있다는 점이 다를 뿐이다.

ㄴ. 자연과 역사로서의 세계

슈펭글러는 니체가 선입관이나 편견을 갖지 않고 어떤 도덕적인 창조라는 낭만적인 환상에서 벗어나 자기의 시대를 보다 냉철하게 관찰했다면 기독교적인 특성으로 생각되는 동정의 도덕이 결코 그가 생각한 것과 다르게 서구에 존재하지 않았다는 사실을 간파했을 것이라 말한다.[81] 슈펭글러가 진단한 서구 문화는 니체의 경우보다 더욱 암담하며 허무주의의 이념이 파우스트적인 삶의 모든 영역으로 잠입해 들어온다고 보았다. 파우스트적 영혼은 마지막 가능성을 예고하며 오직 몰락의 냉기만을 유산으로 가질 뿐이다. 즉 "모든 개인에, 모든 계층에, 모든 민족에 위험이 증대해 이제 더 이상의 기만이 불가능하다. 시대를 거역할 수는 없다. 더 이상 현명한 전회나 약삭빠른 체념이 불가능하다. 몽상가들만이 돌파구를 생각한다. 낙천주의는 비겁함에 불과하다. 우리는 이러한 시대에 태어나서 우리에게 정해진 이 길을 용감하게 끝까지 걸어가야 한다. 다른 길은 없다. 희망이나 구원을 생각하지 말고 잃어버린 지위를 고수하는 것이 우리의 의무다."[82]

슈펭글러는 모든 존재를 자연의 질서와 역사의 질서로 구분한다. 즉 그의 세계는 '자연으로서의 세계'와 '역사로서의 세계'로서 다음과 같이 분류된다.

존재	
자연으로서의 세계	역사로서의 세계
인과율이 지배한다. 공간의 논리를 따른다. 계량적·무시간적·기계적, 보편성, 일반 법칙을 갖는다. 인과율인(人).	운명이 지배한다. 시간의 논리를 따른다. 개체, 율동, 인상적·일회적 사실을 갖는다. 운명인(人).

  슈펭글러가 제1의 우주라 일컫는 자연은 인과율에 지배되고 제2의 우주라 부르는 역사는 운명에 지배된다. 여기서 전자와 후자는 각각 자연주의와 역사 형태학에 의해 설명된다. 슈펭글러는 역사와 자연으로서의 세계에 대해 다음과 같이 묘사한다. "역사란 자연과 다른 질서 및 내용으로 이루어진 제2의 우주인데, 형이상학은 제1의 우주만을 생각하느라 제2의 우주를 소홀히 하고 있었다."(이 책 112쪽) 따라서 그는 역사의 본질을 파악하려면 자연과 대립시켜볼 필요가 있었다. 즉 "대립된 것들에서 나오는 역사로서의 세계는 자연으로서의 세계를 이해하고 관찰하고 형성한다"(이 책 31쪽). 역사 체계에 대해서는 관상학이 성립되고, 자연 세계에 대해서는 자연 우주적 분류학이 성립된다. 이러한 역사의 정리整理와 관련해 슈펭글러는 "역사는 예술이다"라고 선언한다. 하지만 그는 자연과 역사 자체를 구분한 것이 아니라 자연과

역사를 파악하는 방식의 차이를 명확히 설명한 것이다. 이는 곧 자연과학적 방식이자 형태학적·과정적 방식이다. 후자는 자연을 파악하는 데도 적용되는데 이것이 곧 자연에 대한 유기체적 파악이다. 생물체적 자연을 유기체적으로 파악하는 것은 당연하나 유기체주의는 무생물적 자연까지도 기계론적으로 보는 것을 반대한다. 이와 같은 사상은 독일 낭만주의 괴테에게서 연유해 오늘날까지 독일 사상의 중요한 토대가 되고 있다.

나는 괴테를 기억한다. 그가 살아 있는 자연이라 부르는 것은 바로 여기에서 가장 넓은 범위의 세계사, 즉 역사로서의 세계라 일컬어질 수 있는 것이다……수학에서는 기구로서의 세계와 유기체로서의 세계, 죽은 자연과 살아 있는 자연, 법칙과 형태가 각각 대립한다. 그가 자연 연구가로서 서술한 한 줄 한 줄은 형성되는 것의 모습, 생활하면서 발전해가는 '인상적인 형태'를 눈앞에 생생하게 전개한 것이었다. 공감, 직관, 비교, 직접적인 내적 확신, 정확한 감각적 상상——이것이 움직이고 있는 현상의 비밀에 가까이 접근해가는 수단이었다. 그리고 이것이 역사 연구 일반의 수단이다. 그 이외에는 방법이 없다.(이 책 66~67쪽)

이렇듯 슈펭글러는 괴테에게서 살아 있는 자연의 세계사,

유기체로서의 세계를 발견한다. 슈펭글러는 괴테의 자연 연구가 역사 연구에 커다란 분기점을 마련했다고 높이 평가한다. 자연은 생명이 없는 물질적이거나 기계적인 대상이 아니다. 자연은 태어나고 성장하고 죽는 유기체적 발전 과정을 겪는다. 자연 자체가 발전이고 과정이며 변형이다. 이와 같이 문화도 하나의 유기체로서 자신의 생명력을 간직한 채 발전한다. 따라서 각 문화는 다양한 단계에서 다음과 같은 형태를 변형시킨다.

여러 문화는 어머니인 땅의 품 안에서 원시적인 힘으로 꽃을 피우고 그 존재의 모든 것이 경과하는 동안 이 땅과 밀접하게 연관되어 있다. 이러한 문화는 제각기 그 재료인 인간에게 그 문화 특유의 형식을 부여하는 동시에 특유한 관념, 특유한 열정, 생활, 의욕, 감정, 죽음을 지니고 있다. 젊고 늙은 떡갈나무와 소나무가 있고 꽃이나 나뭇가지나 나뭇잎이 있듯이 꽃을 피우고 죽어가는 문화, 민족, 언어, 진리, 신, 지방 등이 있다. 그러나 늙어가는 인류라는 것은 없다. 모든 문화는 생겨나서 성숙하다 시들어버리는, 결코 반복되지 않는 나 자신의 고유한 표현 가능성을 지니고 있다……가장 높은 차원의 생물체인 이 문화들은 꽃이 들판에서 피어나듯 고귀한 목적성 속에서 성장한다. 문화들은 들판 위의 꽃처럼 괴테의 살아 있는 자연에 속하지 뉴턴의 죽은 자연에 속하지 않는다. 나는 세계사를 유기적인 형식과 변형의 모습으로 보고 놀라운 생성과 소멸의 모습으로 보는 것이다. 그러나 전문 역사가는 이것을 끊임없이 기원을 끼워 넣는 촌충의 형태로 보고 있다.[83]

인용문에서 보듯 슈펭글러는 자연처럼 문화도 마찬가지로 생성, 성숙, 쇠퇴, 소멸의 변화 과정 속에서 존재하는 것으로 파악한다. 문화는 역사 속에서 한 민족의 전통으로 보존되기도 하지만 타 문화와의 상호 관계 속에서 새로운 형태의 문화로 변화되기도 한다. 따라서 문화는 생성과 소멸의 과정을 겪으면서 끊임없이 고유의 기원을 찾고자 한다.

ㄷ. 문화의 내적 동기 : 운명 이념

니체의 예언자적인 천재성은 슈펭글러로 하여금 사상을 정립하는 데 있어서 서유럽인의 운명을 전체적으로 바라보게 했다. 슈펭글러는 운명이라는 이념을 다음과 같이 내세운다.

운명 이념의 고전적 형식을 나는 감히 유클리드적인 것이라 칭하고자 한다. 이런 까닭에 운명에 의해 쫓기고 버림받는 것은 오이디푸스라는 감각적인 실제의 인격, 그의 경험적인 자아, 차라리 그의 육체인 것이다……그러나 리어의 운명은——역시 또한 대응하는 수의 세계에 의해서 암시된 용어를 사용하면——분석적인 유형이며, 어두운 내면적인 관계에 있다. 리어는 결국 단순한 이름이며 속박 받지 않은 어떤 것의 축이다. 이러한 운명의 개념은 무한소의 개념이다. 그것은 무한한 시간과 무한한 공간 속으로 뻗어 들어간다.[84]

이 인용문에서 알 수 있듯이, 슈펭글러는 문화 정신의 내적 동기를 운명 이념이라고 표현한다. 그에게 삶의 순환 과정에서 드러나는 문화의 단계들은 없어서는 안 될 필수불가결한 요소다. 그리고 그 요소들은 바로 개체, 즉 소우주가 누리는 삶의 순환에서와 마찬가지로 필연적·연대기적 순서를 뒤따른다. 각 고유문화는 유기적인 대우주로서 자신만의 뚜렷한 개성을 갖춘 최상급의 인간적인 유기체다. 어떤 문화는 문화유기체를 이루는 다양한 형식들을 문화의 정신이나 개성을 통해 구체적으로 표현한다. 즉 서양 문화와 고전 문화 그리고 아라비아 문화들은 서로 비교하여 각각 중요한 명칭들을 부여한다.[85]

오랜 서양 철학사에서 운명이라는 신비적인 용어는 염세주의 철학자로서 우리에게 잘 알려진 쇼펜하우어Arthur Scho-penhauer의 사상에서 잘 드러난다. 쇼펜하우어는 자신의 염세적이거나 낭만주의적인 세계관에서 인간이 사랑의 힘으로도 어찌할 수 없는 그런 운명을 표현했다. 하지만 니체는 이와 다르게 힘의 의지를 강조하면서 운명의 의미를 다르게 표현했다. 슈펭글러에 의하면 창조적인 생명 의지는 쇼펜하우

어 철학에서 부정되었으나 "차라투스트라 속에서 니체에 의
해 찬란하게 극적으로 형식화되었"(이 책 106쪽)다. 이런 측
면에서 니체에게 있어서 운명애는 복종과 굴복을 의미하지
않고 미래에 대한 적극적인 힘의 의지를 뜻한다. 즉 슈펭글
러가 말하는 문명의 본질은 '니체의 운명애' 사상에서 출발
하고 있는 것이다.[86] 슈펭글러는《서구의 몰락》에서 니체의
역사적 지평을 데카당스, 니힐리즘, 모든 가치의 전도, 힘에
의 의지 개념에서 서구 문명의 본질에 깊이 뿌리를 내리고
있으며, 이러한 문명 분석에 결정적이라 본다. 그러면서 "이
개념들을 창조해낸 기반은 무엇이었을까?"(이 책 63쪽)라고
묻는다. 그리고 재차 슈펭글러는 니체 철학의 긍정적 운명애
의 개념이라 할 수 있는 "위버멘쉬Übermensch(초인)라는 유형
은 이슬람 세계에서 어떤 의미를 가질까"(이 책 63쪽)라고 질
문한다. 이러한 물음에 따라 그는 니체의 운명애를 맹수의
윤리와 초식 동물의 윤리를 대비시켜 다음과 같이 해석한다.

우리가 옳게 이해한다면 맹수의 윤리와 초식 동물의 윤리가
존재한다. 아무도 그것을 변화시킬 수 없다. 그것은 전체적
인 삶의 내적 형식이고 의미이며 전술이다. 그것은 당연한 사
실이다. 인간은 삶을 파괴할 수 있지만 삶의 특성을 변화시킬
수 없다. 길들여지고 가두어진 맹수는 영혼이 조각나고 병들
었으며 항상 몰락한다……초식 동물은 가축이 돼도 잃어버릴

게 아무것도 없다. 이것이 초식 동물과 맹수의 운명을 구분 짓는다. 전자는 굴복하고 소심해지고 비열해지나 후자는 힘과 승리, 자만심과 증오를 통해 상승한다……외적 자연에 대한 내적 자연의 투쟁을 비참으로 느끼지 않고 삶을 고귀하게 만드는 삶의 커다란 의미로 느끼는 것이 니체가 생각한 운명애다.[87]

슈펭글러는 이처럼 맹수의 윤리와 초식 동물의 윤리라는 관점을 통해 운명애 사상에 접근한다. 맹수의 윤리는 힘과 승리, 자만심과 증오를 통해 상승하며, 초식의 윤리는 굴복하고 소심해지고 비열해진다. 초식동물은 운명적으로 사냥의 대상이지만, 싸움을 하지 않고 달아남으로써 숙명을 벗어나고자 한다. 다시 말해 초식동물은 내면적인 본질에 따라 방어적인 반면에 육식동물은 공격적이고 강인하며 잔인한 동시에 파괴적이다. 이는 마치 인간 세계에서 주인과 노예의 관계와 같다.

니체는 '선과 악', '좋음과 나쁨'이 각각 다른 발생사를 가진다고 말한다. 기존의 철학이 '선이란 무엇인가?'라는 질문을 통해 그것을 추적하는 방식을 택했다면 니체는 '가치가 어떻게 가치를 부여받게 되었는가?'를 추적했다. 그에 따르면 본래 자연적인 가치 평가 방식은 '좋음과 나쁨'이었으나, 그것은 원한의 가치 평가 방식인 '선과 악'으로 대체되었다. 니체에 의하면 이러한 두 가치의 평가 방식은 본래 다른 성질의 것이며, 오늘날의 '선과 악'이란 가치 평가 방식은 아주 부자연스럽다는 것이다. 니체의 관점에서 가치 평가 방식에는 '고귀한 가치 평가 방식'과 '고귀하지 않은 가치 평가 방식'의 두 가지 형태가 존재하며, 그것을 행하는 각각의 행위자를 기준으로 하여 전자를 주인도덕, 후자를 노예도덕이라 불렀다. 주인도덕의 경우에는 '좋음과 나쁨'의 도덕적 가치 평가를, 노예도덕의 경우에는 '선과 악'의 가치 평가를 가능하게 했다고 인식했다. 이러한 니체의 관점에 따라 슈펭글러는 도덕이라는 근본 현상에 접근했다. 그는 각 개별 문화권의 다양한 도덕을 인정해야 한다고 주장하는 한편 니체 사상처럼 두 가지 유형의 도덕, 즉 육식 동물의 도덕과 초식 동물의 도덕을 구별했다. 슈펭글러의 역사관에서 도덕은 생활양식의 표현이자 생활에 대한 자기 해석이다. 이런 점에서 그는 파우스트적 인간의 생활양식을 나타내는 윤리가, 니체가 주장한 것처럼, 힘에의 의지라는 결론에 이른다. 따라서 그는 서구의 도덕에서 명령에 대한 복종이 요구되며 그것이 바로 도덕이라고 강조한다.[88]

4. 《서구의 몰락》은 후대 철학에 어떤 영향을 주었나

슈펭글러의 《서구의 몰락》이 출판된 이후 그의 이론에 강하게 이의를 제기했던 사람들은 학자들과 전문 역사가들이었다. 철학자들은 그를 천박하다고 꼬집었고 역사가들은 그를 엉터리 역사를 터무니없이 서술했다고 맹렬히 비난했다. 전문 역사가들의 입장은 관념론자나 실증주의자를 비롯하여 제각기 달랐지만 슈펭글러의 역사관에 대해 이구동성으로 반대되는 견해를 표명했다. 특히 실증주의자들이 슈펭글러의 이론에 강하게 반대한 이유는 슈펭글러가 역사를 운명의 영역으로, 그리고 자연을 인과율의 영역으로 구분하여 분리시켰기 때문이다. 반대자들은 과학으로서의 역사를 지키기 위해 슈펭글러의 직관적 방법이 거칠고 무모한 가설들로 가득 찬 이론이라 과소평가했다. 그들은 직관력을 과학보다 더 높은 지각으로 받아들인 슈펭글러의 회의론이 순전히 감정에서 나온 독단적 사유 방식이라 일축했다. 하지만 후대의 역사가들은 슈펭글러를 가리켜 높은 직관력을 가진 예언자였고 역사적 운동의 본질을 시사적이며 창조적인 재능을 발휘해 예리하게 관찰했다고 평가했다.[89] 이렇듯 슈펭글러를 비판하는 자들은 그의 《서구의 몰락》에 담긴 진정한 가치를 제대로 읽어내지 못했다. 그들은 《서구의 몰락》에서 현대의 역사관과 문화 의식에 대한 명백한 메시지를 전달하려 한 슈펭글러의 사상들을 간과했다. 그리고 슈펭글러가 니체 이후에 심오하고 복잡한 현대 사회를 전체적인 틀 속에서 이해하려 한 극소수의 독일 사상가의 한 사람이었다는 사실을 보지 못했다. 따라서 우리는 슈펭글러의 역사관을 다음과 같은 관점에서 평가해볼 수 있을 것이다.

첫째, 슈펭글러는 각각의 문화를 비교 연구하는 방법론을 상세하게 구축했다. 각각의 문화는 생물 유기체와 마찬가지로 시공간에 따라 다르게 보이지만 근원 상징은 동일하기 때문에 상호 비교 연구가 어디에서나 가능하다는 것이다.

둘째, 슈펭글러는 역사순환론을 주장했다. 그는 역사가 마치 생물 유기체가 출생, 성장, 노사의 과정을 거치듯 일직선으로 진행하는 것이 아니라 반복적으로 순환한다고 주장하면서, 이제까지의 고대–중세–근대라는 판에 박힌 도식적인 시대 구분에서 벗어날 것을 역설했다. 이와 같은 슈펭글러 사상의 가장 중요한 결실은 서유럽 중심의 역사관에서 탈피해야 한다는 인식이다.

셋째, 슈펭글러는 사회와 문명에 대한 예리한 분석과 비판을 통해 미래를 예단, 예측했다. 그는 역사형태학이 법칙을 탐구하고 문화의 불가피한 미래의 운명을 예측하는 데 기본이라고 확신했으며, 문화의 생성, 성장, 죽음에 이르기까지 약 1,000년을 시점으로 각 문화의 역사적 생성을 진행시켜왔다고 예견했다.

넷째, 슈펭글러는 쇠망해가는 사회에서 종교가 갖는 역할에 중요한 의미를 부여했다. 그는 비록 독단, 가정, 역설, 추상, 단순화, 신비, 불합리성의 이론들을 갖고 있다고 비판받았지만 예술적 영감이나 직관력에서는 뛰어난 통찰력을 보여주었다. 각각의 다양한 문명들은 유기체의 발전 과정(생로병사)처럼 진행된다. 즉 역사는 쇠퇴의 운명을 지니고, 서양은 말기적 위기 상황에 처해 있으며, 종교는 역사의 말기에 중요한 역할을 한다는 주장들은 그의 후계자들에게 커다란 반향을 불러일으켰다.

특히 토인비는 슈펭글러와 같은 의미에서 시대의 요구에 대한 인간의 해답을 제시한《역사 연구*Study of History*》에서 21개 문화권을 세분화하여 구별했다. 그는 문화의 적대적 고립이나 일방적인 전개 과정을 부정하면서도 유럽의 미래를 아주 암울하게 묘사했다. 토인비의 학문적 풍토와 개인적 기질들은 슈펭글러와 다소 다르지만 그가 슈펭글러에게서 받은 학문적 영향은 실로 엄청나다. 2차 세계대전 이후 가장 커다란 학문적 논쟁의 대상이 된 저서는 토인비의《역사 연구》였다. 토인비에 대한 논쟁은 1930년 이후 구미 학계에서 잊힌 슈펭글러를 다시 불러일으키는 계기를 마련했다. 토인비가 슈펭글러의《서구의 몰락》을 타당하게 여긴 것은 정치적 차원의 국가나 세계의 역사가 일직선적으로 발전하는 것이 아니라 각 문명마다 일정한 과정을 경험한다는 생각을 이미 갖고 있었기 때문이다. 이러한 슈펭글러의 문화유기체의 순환론과 역사순환론의 사유방식은 슈펭글러-토인비 사관의 2대 원리(순환사관과 여러 문화의 비교 연구)가 되었고, 향후 이 원리의 타당성을 보장해주는 근거가 되었다.

5. 오늘날 다시 읽어야 할 《서구의 몰락》

슈펭글러는 이제까지 전개해왔던 서양 중심의 직선 사관에서 벗어나 문화의 고유성과 문화들 간의 상호 작용에 의거하여 역사가 반복적·순환적으로 발전해간다는 것을 보여주었다. 그리고 현대 문화의 본질적 문제를 이해하는 데 뛰어난 직관력을 보여주었다. 무엇보다 슈펭글러의 역사 이해의 직관력은 그의 탁월한 통찰력 덕분이었다. 그의 2대 명제는 '순환사관과 여러 문화의 비교 연구를 적극적으로 수용'해 역사의 결함들을 극복하고 보다 더 체계적으로 정립하는 것이었다. 따라서 토인비의 순환사관의 토대가 되는 기본적인 원리는 두 가지로 요약된다. 첫째는 역사 연구의 이해 가능한 단위가 국가나 민족이 아니라 그것을 포괄하는 보다 큰 사회로서의 문명이라는 것이며, 둘째로 그 문명은 공통의 문화를 지닌 사회적·문화적 통일체라는 것이다. 이렇게 그의 문화 비교 연구 방법과 예술적 지도地圖의 쇠망기로서 현대 사관은 주목할 만한 것이었다. 그에 의하면 문화는 통일적 관념을 갖는 어떤 집단의 모든 활동, 즉 예술, 종교, 정치, 군사 등을 알려주는 일종의 정신적 형성물이다.

앞에서 우리는 여러 세계 문화 중에서 고대 문화는 구체적이고 현세적인 아폴론적 공간 감각을 지니고 있으며, 현대 서구 문화는 무한히 뻗어나가려 하는 확장 지향의 파우스트적 공간 감각을, 아라비아 문화는 신비적 공간 감각을 갖고 있음을 살펴보았다. 무릇 문화는 민족 영혼의 성숙한 표현이며, 식물과 같이 성장 발전한다. 슈펭글러에게 있어서 문화란 꽃이 피고 열매를 맺으면 약 1,000년 후에 사멸하는 일종의 유기체다. 이런 점에서 각기 다른 문화의 기원은 서로 비교될 수 있으며 생물 유기체와 같이 모두 일정한 순환 과정을 거친다. 따라서 슈펭글러는 해당 문화의 유기체적 순환 과정을 통해 역사를 파악했고 인간의 역사를 문화 유기체로 간주했다.

슈펭글러의《서구의 몰락》이 여러 가지 독단적 이론을 담고 있는데도 많은 사람들에게 비상한 관심을 불러일으킨 이유는 이 책이 문화의 이행 과정에서 불가피한 붕괴가 문명으로 자연스럽게 전개되며, 이것이 서양사에서는 19세기에 수행된다고 봄으로써 서양의 몰락을 예언했기 때문이다. 즉 이 책은 자본주의의 정신적 파산, 1차 세계대전, 러시아 혁명으로 혼미하던 슈펭글러 세계관을 단적으로 드러내준 것이다. 그는 1차 세계대전과 2차 세계대전의 징조를 엿보았고, 나아가 3차 세계대전의 가능성을 예측했다. 서구 중심 세계사의 중심축이 현재 상당 부분 동양으로 이동해온 상황을 염두에 둔다면 이제까지 서구 중심의 세계사적 낙관주의가 점점 쇠퇴해가고 있음을 예언한 슈펭글러의 뛰어난 가치를 인정할 수 있다.

슈펭글러의 《서구의 몰락》은 한 시대의 징후와 종합 그리고 상징으로서 20세기의 최대 작품으로 평가받는다. 19세기의 낙관주의가 본고장 서구에서 사라진 지 이미 오래되었고 20세기의 이데올로기 시대를 지나 21세기의 과학기술의 세기에도 그의 사상은 오히려 점점 더 빛을 발산해가고 있다. 이러한 그의 탁월한 역사관을 이해하려는 붐은 1930년대부터 현재에 이르기까지 각국에서 계속 전개되고 있다. 특히 그의 순환사관은 1차 세계대전 이후의 새로운 세대에게 기존의 역사관과는 다소 다른 시각에서 역사의 운동을 보는 안목을 길러주었다. 앞서 기술했듯이 슈펭글러처럼 비판으로부터 자유로운 사람은 거의 없었다. 두 번에 걸친 세계대전의 발발, 문학과 음악에서 나타나는 정신문화의 퇴락, 기록 갱신에 몰두하는 스포츠, 급증하는 대도시의 질적인 몰락과 거대한 부에 대한 자부심, 육식 동물로서 인간의 동물적 잔인성의 재연, 그리고 그 밖의 모든 부정적 현상들이 슈펭글러에게 역사를 비판적으로 바라보도록 해주었다. 이런 측면에서 그는 회의적이고 허무주의적인 철학의 검은 구름이 오늘날까지 유럽 전역을 덮고 있다고 보았다.[90]

오늘날 《서구의 몰락》 출간 당시 부정적으로 평가되었던 내용들은 다시 적극적으로 재검토되기에 이르렀으며, 그의 역사순환사관은 21세기 들어 새롭게 정립하고자 하는 양상을 보이고 있다. 소로킨Pitirim Alexandrovich Sorokin에 의하면 "슈펭글러의 순환사관은 그것의 오류가 무엇이든 간에 순환론의 내용에서 내재하고 있는 진정 어려운 문제들을 회피하려고 하지 않는다. 바로 이 때문에 그 오류들이 오히려 오늘날, 비록 정확하나 진부한 사회과학과 인문과학의 그 많은 연구들보다 더 풍부한 결실을 맺고 있는 듯하다"[91]라고 지적한다. 이러한 측면에서 슈펭글러가 《서구의 몰락》에서 뜻하는 몰락은 단지 서양 문화의 몰락만을 의미하는 것이 아니라 새로운 문화로 이행해나가는 징조라고 볼 수 있다. 앞서 언급했듯이 모든 문화 각각은 살아 있는 생명체들과 같이 출생, 성장, 성숙, 쇠퇴의 예측 가능한 일정한 과정을 밟는 유기체다. 동서양을 막론하고 모든 문화가 이러한 주기적인 순환과정을 겪고 있다고 슈펭글러는 본 것이다. 지금까지 세계사는 인간이 기계를 사용하여 자연을 약탈하고 강간하는 것을 의기양양해하는 맹수임을 적나라하게 보여주었다. 슈펭글러는 21세기 들어 지구의 온난화, 지구의 사막화, 물 부족 등 기후의 변화로 위협받는 농업뿐만 아니라 숲과 생물 종마저 소멸시키는 세계적인 기계화를 관찰하며 생태 위기를 예견했다.[92] 이러한 슈펭글러의 뛰어난 통찰은 그의 앞선 저명한 선배들인 칸트, 헤겔, 마르크스, 베버 등도 인간이 자연에 해로운 영향을 끼친다는 것을 인식하는 데 그다지 성공을 거두지 못했다는 점에서 21세기 오늘날, 더욱 돋보인다.

1 (옮긴이주) 테르모 레는 그리스의 산길로, 기원전 480년에 스파르 타군이 이곳에서 페르시아군에게 크게 패한 일이 있다.

2 (옮기이주) 이 지역은 오늘날 프랑스의 알자스로렌에 해당한다.

3 (옮긴이주) 플뢰리André-Hercule de Fleury(1653~1743)는 프랑스의 추기경이자 정치가.

4 (옮긴이주) 랑케Leopold von Ranke(1795~1886)가 역사 이론 강론에 서 내세운 주요 논제 가운데 하나는 철학에 대항해 역사의 자율성 을 강조하는 것이었다. 그는 '사실 그대로의 역사'를 주장하면서 최 고의 이념을 논하는 철학자 피히테Johann Gottlieb Fichte, 헤겔G. W. F. Hegel 철학과의 투쟁을 선언했다. 또한 사변에 의해 얻은 결과로 역 사를 지배하고자 하는 그런 유형의 철학을 자신의 비판 대상으로 규정했다. 랑케는 당시 독일의 관념철학만을 배격한 것이 아니라 역사의 본질을 선험적으로 파악하려는 추상적이고 사변적인 역사 철학을 모두 거부했다.

5 (옮긴이주) 키악사레스Cyaxares는 메디아의 왕. 고대 이란의 여러 부 족을 통일한 인물로 추정된다.

6 (옮긴이주) 알키비아데스Alkibiades는 아테네의 장군이자 정치가. 아 테네에 극한 정치적 분쟁을 불러일으켜 펠로폰네소스 전쟁에서 스

파르타에 패하게 만들었다.

7 (저자주) 칸트Immanuel Kant의 중요한 오류 가운데 오늘날에도 여전
히 극복되지 않은 것 가운데 하나는 외적인 인간과 내적인 인간을
공간과 시간이라는, 의미가 다양하고 게다가 특히 변할 수 없는 것
이 아닌 개념과 완전히 도식적으로 연관시켜 완전히 잘못된 방식으
로 기하학과 산술을 인간과 결합시킨 점이다. 이 기하학과 산술 대
신에 수학적인 수와 연대年代적인 수의 깊은 대립을 지적해야 한다.
산술과 기하학은 모두 공간적인 계산이고 상위 영역 일반에서는 더
이상 서로 구별될 수 없는 것이다. 시간 계산이라는 개념은 사람이
단순히 느낌을 가지고 분명히 알 수 있는 것이다. 시간 계산은 '언
제'라는 물음에 답하는 것이지 '무엇'이라든가 '얼마나 많이'라는 물
음에 답하는 것이 아니다.

8 (저자주) 형식적인 결합의 깊이와 추상의 에너지는 함수 이론과 이
론적인 광학에서는 당연한 것이지만 르네상스 연구라든가 민족 이
동사와 같은 영역에서는 훨씬 열세임을 느끼지 않을 수 없다. 물리
학자와 수학자에 비해 역사가는 자료의 수집과 정리에서 해석으로
옮겨가는 동시에 나태해진다.

9 (옮긴이주) 헤로도토스Herodotos(기원전 484~425)는 페르시아 치
하 할리카르나소스의 명문가 릭세스에서 태어났다. 일찍이 정치에
관심이 있었으며 시 참주인 리그다미스를 타도하기 위해 혁명에 가
담했다가 실패해 사모스로 돌아갔다. 그리고 곧 이탈리아의 투리로
이주했으며, 고향으로 돌아가지 못한 채 방랑 생활을 계속해 동서
세계를 두루 다니면서 견문을 넓혔다. 방랑 생활 중에 페리클레스
Perikles, 소포클레스Sophocles와 교제했고 특히 아테네의 민주 정치에
감탄했으며《페르시아 전쟁사》를 집필했다.

10 (옮긴이주) 투키디데스Thucydides(기원전 456~395)는 아테네 명문

가에서 태어난 이오니아인. 군사령관으로 지내며 참전 경험을 쌓았고 페리클레스의 정치와 연합 민주 정치를 옹호했다. 펠로폰네소스 전쟁에서 패배해 20년간이나 추방된 채 생활하다가 기원전 404년에 아테네로 돌아왔다. 추방 생활 기간에 《펠로폰네소스 전쟁사》를 썼는데, 정열적인 전쟁 목격자이자 실전 용사로서 그의 체험사를 담고 있다.

11 (옮긴이주) 포에니 전쟁(기원전 218~201)에서 로마가 카르타고를 점령함으로써 그리스가 로마의 수중에 떨어지자 폴리비오스 Polybios(기원전 220~120) 역시 포로의 신분으로 로마에 끌려갔다. 그는 로마의 장군 파울루수에게 인도되었고 이것이 그 장군의 아들 스키피오와 친구로 지내는 계기가 되었으며, 삶에서 일대의 전환기를 맞게 된다. 폴리비오스는 스키피오와 함께 이탈리아, 시리아, 갈리아, 스페인 등을 여행하면서 로마의 광행한 영토와 위대성을 발견했다. 3차 포에니 전쟁 때는 직접 종군해 카르타고 최후의 모습을 목격했다. 이러한 체험으로 그는 《로마사》를 집필하게 되었다.

12 (저자주) 그리스인이 이집트의 선례를 따라 훨씬 나중에 달력이나 연표 같은 것을 편찬하려 한 시도는 지극히 소박한 것이었다. 올림피아에 의한 연대 계산은 이를테면 예수 그리스도의 연대와 기원이 같지 않을 뿐 아니라 순수하게 문학적인 임시 대응물로서 후에 민간에 유포되지 않았다. 몇몇 학자가 달력 문제에 항상 관심을 가졌지만 국민들은 부모나 조부모 이력의 날짜를 확정하는 계산에 대해 알려는 욕구가 없었다. 여기에서 중요한 것은 달력의 좋고 나쁨이 아니라 그것이 사용되고 있는가, 사회 생활이 그것에 의해 움직이고 있는가 하는 것이다. 그러나 500년 전의 올림피아 경기의 승리자 명부도 옛 아테네의 아르콘 명부나 로마의 집정관 명부와 마찬가지로 중요한 창작물이다. 식민植民과 관련해서는 개별적인 정확한 연

대가 없다(E. Meyer, 《고대사*Geschichte des Altertum*》, II, 442쪽 ; Beloch, 《그리스 역사*Griech. Gesch.*》, I, 2, 219쪽). "5세기 이전의 그리스에서는 역사적 사건에 관한 보도를 기록할 생각을 어느 누구도 하지 않았다"(Beloch, 《그리스 역사》, I, 1, 125쪽). 우리에게는 엘리스와 헤라이아 사이에서 맺은 어떤 조약의 비명碑銘이 있는데, 거기에는 "이 해로부터 100년 동안 유효하다"라고 쓰여 있다. 그러나 어느 해인지는 기록되어 있지 않다. 따라서 수년 후에는 이 조약이 어느 정도 존속했는지 아무도 몰랐을 것이다. 그리고 분명 아무도 그러한 상황을 예견하고 있지 않았다. 아마도 '현대인들'은 그것을 곧 잊어버렸을 것이다. 이것은 고대 그리스·로마의 역사 표상이 가지는 전설적이고 어린아이 같은 특징을 잘 나타내준다. 이를테면 고대 그리스·로마인들에게는 트로이 전쟁과 같이 단계에 따라 정확히 우리의 십자군 전쟁에 상응하는 사실들을 연대순으로 배열하는 것이 적합하지 못한 일로 여겨졌을 것이다——마찬가지로 고대 그리스·로마의 지리적 지식은 이집트나 바빌론에 비해 훨씬 뒤떨어져 있다. 마이어(《고대사》, III, 102쪽)는 헤로도토스Herodotos(페르시아 자료에 의하면)의 아프리카 형태에 대한 인식이 아리스토텔레스에게까지 미치고 있음을 제시한다. 카르타고의 후계자로서 로마인이 지닌 인식도 마찬가지다. 로마인들은 처음에 낯선 지식을 되풀이해서 이야기하다가 서서히 잊어버렸다.

13 (옮긴이주) 몸젠Theoder Mommsen은 슐레스비히의 한 목사의 아들이다. 독일 킬 대학에서 고대사를 공부했다. 1843년 덴마크 정부의 후원으로 이탈리아에 가서 3년간 고대사 자료를 수집했다. 1848년에 《슐레스비히-홀슈타이니셰 신문*Schleswig-Holsteinische Zeitung*》의 편집장이 되었고, 같은 해에 라이프치히 대학 교수로 부임했다가 자유주의적인 정치 발언으로 정치 교수로 지목되어 1850년에 해직되었

다. 1852년에는 취리히 대학의 교수로 복직되었고 1855년부터는 베를린 대학의 고대사 교수로 활동하면서 베를린 아카데미 회원이 되었다. 대표 저서로 《로마사*Römische Geschichte*》(1854~1856, 1885), 《로마 헌법*Römische Staatsrecht*》(1871~1888), 《로마 형법*Römische Strafrecht*》(1889) 등이 있다.

14 (저자주) 이와 반대로 첫 번째 등급은 상징이며 예술사에서 예외가 없는 것이다. 첫 번째 등급에서 고대 그리스는 미케네 초기의 작품을 눈앞에 마주하면서 석재가 풍부한 나라인데도 석조 건축에서 목재를 이용하는 것으로 바뀠다. 미케네 초기 작품에서 기원전 1200년에서 600년 사이의 건축 유물이 잘못되었다는 것을 설명해주었던 것이다. 이집트의 식물 원주圓柱가 처음에는 석주石柱였던 데 비해 도리스식 기둥은 목재 원주였다. 여기에서 고대 그리스·로마의 혼이 영속성에 대해 깊은 적의를 갖고 있음이 분명해졌다.

15 (저자주) 고대 그리스의 한 도시가 다가오는 세대를 위한 배려를 보여주는 포괄적인 작품을 단 하나라도 완성했을까? 우리가 미케네 시대, 즉 고대 이전의 것으로 입증한 도로망과 관개 공사는 고대 그리스·로마 국민의 출현 이후——또한 호메로스Homeros 시대의 서광과 함께——완전히 황폐화되고 망각되었다. 고대 그리스·로마가 문자를 기원전 900년 이후에야 받아들였고, 그때도 매우 협소한 범위에서 긴급한 경제적 목적을 위해서만 문자가 사용되었다는 점은 비문이 유물로 남아 있지 않다는 데서도 증명된다. 우리는 이집트, 바빌론, 멕시코, 그리고 중국 문화에서 문자가 아주 먼 시대부터 형성되었고, 게르만인이 룬 문자를 발명하고 그 후에 문자에 대한 외경심에서 장식 문자를 잇달아 장식적으로 완성시킨 반면에 고대 그리스·로마 초기에 남방이나 동방에서 사용되던 많은 문자에 대해서는 전혀 모르고 있었다고 생각한다. 히타이트의 소아시아나 크

레타 시대의 비문은 무수히 많이 현존하지만 호메로스 시대의 비문은 전혀 존재하지 않는다.

16 (저자주) 호메로스부터 세네카Lucius Annaeus Seneca의 비극에 이르기까지 1,000년간 티에스테스, 클리템네스트라, 헤라클레스 같은 신화 속 인물들이 그 한정된 수에도 불구하고 변치 않은 채 수없이 나타난다. 그러나 서구의 시에서는 파우스트적 인간이 처음에는 파르치발과 트리스탄으로서, 그리고 시대의 의미와 함께 변화하는 햄릿으로서, 돈키호테로서, 돈 후안으로서, 최후의 시대적 변화에서는 파우스트와 베르테르로서, 그리고 근대의 세계도시적 소설의 주인공으로서 언제든 특정한 세기의 분위기와 조건 속에서 등장한다.

17 (저자주) 황제 오토Otto 3세의 친구이자 수도원장인 게르베르트Gerbert of Aurillac(교황으로서는 실베스테르 2세Sylverster II)는 1000년경 명종 시계와 톱니바퀴 기계를 발명했다. 또한 독일에서는 1200년에 최초의 탑시계가 생겼으며 얼마 뒤에는 회중시계가 생겼다. 시간 측정과 종교적 의식의 의미 깊은 결합에 주목하자.

18 (저자주) 뉴턴Sir Isaac Newton은 이것을 특히 플럭션fluxion이라고 이름 지었는데 이것은 시간의 본질에 관한 어떤 형이상학적 표상을 고려한 것이다. 그리스 수학에는 결코 시간이 등장하지 않는다.

19 (저자주) 여기에서 역사가는 유럽을 대륙으로 간주하는 지리의 숙명적 편견에 사로잡혀 있기 때문에(지도의 암시를 받고 말하지 않더라도), 이에 상응해서 아시아에 대한 관념적인 경계를 먼저 확정하지 않으면 안 된다고 느낀다. 유럽이라는 말은 역사에서 말소되어야 했다. 역사적 유형으로서 '유럽인'이라는 것은 없다. 고대 그리스인의 경우에 '유럽적 고대'(그렇다면 호메로스, 헤라클레이토스, 피타고라스는 아시아인이었을까)를 운운하며 고대 그리스인의 사명을 언급하고 아시아와 유럽을 문화적으로 접근시키는 것은 어리석

은 짓이다. 유럽이라는 말은 지도에 대한 피상적인 해석에서 생긴 단어에 불과하므로 현실과는 전혀 관계가 없다. 우리의 역사적 의미에서 러시아를 불합리하게 서구와 연결시킨 것은 다만 유럽이라는 말과 그 영향으로 생겨난 복합 관념일 뿐이다. 여기에서는 책을 통해 교육받은 독서인이 생각하던 문화 속의 단순한 추상이 커다란 현실적 결과가 되었다. 원시적인 민족 대중의 역사적인 경향들이 수세기에 걸쳐 변조되어 표트르 대제라는 인물이 되었다. 그래도 러시아의 본능은 톨스토이Lev Nikolaevich Tolstoi, 악사코프Sergey Timofeyevich Aksakov, 도스토옙스키Fyodor Mikhailovich Dostoevskii에게 체현되어 있는 적의를 가지고 유럽과 '어머니 아시아'를 올바르게 구분했다. 동양과 서양은 실제로 역사적인 내용이 있는 개념이다. 유럽이란 공허한 울림에 불과하다. 고대 그리스·로마가 만들어낸 모든 위대한 창조는 로마와 키프로스 사이, 비잔티움과 알렉산드리아 사이에 있는 모든 대륙적 장벽의 부정에서 생겨난 것이다. 유럽 문화라 일컫는 모든 것들은 바이크셀 강과 아드리아 해와 과달키비르 강 사이에서 생겨났다. 그리고 설령 페리클레스 시대의 그리스를 '유럽'이라고 가정하더라도 오늘날의 그리스는 거기에 더 이상 없다.

20 (저자주) 제2권, 31쪽 이하, 848쪽 참조.

21 (옮긴이주) 그노시스주의는 2세기에 고대 그리스·로마 세계에서 두드러지던 철학적·종교적 운동이며 영지주의라고도 불린다. 그노시스는 '알다', '인식하다', '비밀스러운 지식'이라는 뜻을 지니고 있으며 그노시스주의에는 학문적 운동과 신비주의적 종교관이 뒤섞여 있다. 그노시스주의는 여러 전통 종교들의 영향을 받았고 또한 그 종교들에 영향을 주었다. 초대 그리스도교에 가장 심오한 영향을 주어 교회법, 신조, 주교 조직이 생겨나게 했다. 그노시스주의는 신

학, 윤리학, 의식 등과 복합적으로 관련되어 있기 때문에 엄격하게 분리하기는 어렵다. 하지만 그노시스주의 분파들은 공통적으로 교육이나 경험적 관찰이 아니라 신적 계시로 말미암은 비밀스러운 지식의 획득을 강조한다. 학자들은 그노시스주의 세계관의 기원을 이란의 종교적 이원론, 중기 플라톤 철학자들의 알레고리적 이원론, 특정 유대교 신비주의자들의 묵시 사상에서 찾는다. 그렇지만 그노시스주의적인 종교 혼합주의가 충분히 제 모습을 드러낸 것은 그리스도교가 등장하고 난 이후다.

22 (저자주) 신약 성서에서 양극적 견해는 바울의 변증법으로 보다 많이 대표되고 주기적 견해는 묵시록으로 대표된다.

23 (저자주) 절망적이고 우스꽝스러운 '최근대'라는 표현이 이것을 분명히 해준다.

24 (저자주) 이원적으로 생각되는 고대라는 표현은 이미 포르피리오스Porphyrios의 저서 《아리스토텔레스의 범주론 입문*Eisagōgē eis tas Aristotelēs katēgorias*》에 나타나 있다.

25 (저자주) "인류라고? 그것은 추상물이다. 그것은 그 이전부터 인간에게만 주어졌다. 그리고 또한 인간만이 있을 것이다"(괴테가 루덴에게 보낸 편지에서).

26 (저자주) '중세'란 라틴어가 교회 언어 또는 학문 언어로서 통용되던 범위의 역사를 말한다. 보니파키우스Bonifacius 훨씬 전에 투르키스탄을 경유해 중국에, 또는 사바를 경유해 아비시니아에 침입한 동방 기독교의 강대한 운명은 이 '세계사'에서는 전혀 고찰되지 않았다.

27 (저자주) 오직 남아 있는 것은 우연에 의해서가 아니라 본질적으로 하나의 경향에 의해서 규정된 것뿐이다. 아우구스투스Augustus 시대의 아테네 숭배는 진부하고 비생산적이며 현학적이고 회고적이었

기 때문에 고전적이라는 개념을 만들어냈고, 플라톤까지의 소수 그리스 작품만을 고전적인 것으로 인정했다. 그 밖의 것은 풍부한 헬레니즘 문학 전체를 포함해서 폐기되었고 거의 완전히 사라져버렸다. 전자는 학교 교사적인 취미에 의해 선택된 집단으로 대부분 남아 있다. 그래서 그것은 피렌체에서 '고전적 고대'의 상상적인 표상이 되었고, 마찬가지로 빙켈만Johann Joachim Winckelmann, 횔덜린Johann Christian Friedrich Hölderlin, 괴테Johann Wolfgang von Goethe, 심지어 니체Friedrich Wilhelm Nietzsche에게도 그러한 것으로 규정되었다.

28 (옮긴이주) 영국의 역사가. 주로 그리스 역사를 연구했으며 대표 저서로《그리스 역사History of Greece》가 있다.

29 (저자주) 이것이 바로 우리가 스트린드베리Johan August Strindberg의 발전에서, 그리고 특히 그것의 문제가 문명화되고 그 자신의 문제들이 지닌 문명화된 분위기 속에서는 언제나 손님이었던 입센Henrik Ibsen의 발전에서 간과할 수 없는 점이다. 〈브란Brand〉과 〈로스메르스홀름Rosmersholm〉의 주제에는 선천적인 지방주의와 이론적으로 획득된 세계도시적 지평이 기묘하게 혼합되어 있다. 노라는 독서에 의해 궤도를 벗어난 시골 부인의 원형이다.

30 (저자주) 그는 그 도시의 영웅 아드라스토스Adrastos의 숭배와 호메로스의 시 낭송을 금지하고 도리스 귀족에게서 정신적 뿌리를 뽑아내버렸다(기원전 560년경).

31 (저자주) 야만인이 문화인이 되자마자 곧 의미를 얻게 되고, 또 문명인이 '살기 좋은 곳은 어디든 내 조국ubi bebe ibi patria'을 격언으로 내걸자마자 곧 의미를 상실한다는 의미 깊은 말이다.

32 (저자주) 그래서 스토아주의자가 될 수 없었던 로마인들이 최초로 기독교에 굴복한 것이다.

33 (저자주) 로마와 비잔티움에는 6층에서 10층까지의 셋집insulae들

이——기껏해야 폭이 3미터인 길들 옆에—— 세워져 있었는데, 건축 감찰 규정이 없었기 때문에 종종 그곳의 주민들을 수용한 채로 무 졌다. '빵과 서커스'가 생활 내용의 전부였던 로마 시민 대부분이 비싼 돈을 지불하고서 개미처럼 밀집해 늘어선 셋집에서 잠자리만을 얻었다.

34 (저자주) 독일의 체조는 1813년에 얀Friedrich Ludwig Jahn이 창시한 시골적이고 자연적인 형식에서 급격히 발달해, 스포츠적으로 이해되었다. 1914년에는 왕성기의 베를린 경기장과 로마 키르쿠스의 구별이 이미 거의 없어져 있었다.

35 (저자주) 제2권, 1089쪽 참조.

36 (저자주) 카이사르의 갈리아 정복은 명백한 식민 전쟁이었다. 즉 일방적인 전쟁이었다. 그럼에도 그것이 후기 로마 전쟁사의 정점을 이룬다는 것은 바로 전쟁의 실질적인 공적이 급격히 고갈되었음을 증명한다.

37 (저자주) 현대 독일인은 스스로 알지도 못하고 원하지도 않은 채 팽창하게 된 민족의 두드러진 예다. 그 자신들이 괴테의 민족이라고 여전히 믿고 있어도 이미 그러했다. 비스마르크Otto von Bismarck는 자기가 이룩한 기원의 이 깊은 의미에 대해 한 번도 생각해본 적이 없었다. 그는 정치적 발전이 종국에 도달했다고 믿고 있었다. 제2권, 1089쪽 이하 참조.

38 (저자주) 이것이 바로 나폴레옹Napoléon Bonaparte이 괴테에게 한 의미 깊은 말 "우리는 오늘날 무엇을 운명이라 하는가? 정치가 운명이다"의 의미일 것이다.

39 (저자주) 이것은 마침내 제국의 이름이 되어버렸다. 진秦=차이나China.

40 (저자주) 왜냐하면 그의 권력은 사실상 어떤 관직의 내용과도 전혀

부합하지 않았기 때문이다.

41   (저자주) 제2권, 932쪽 참조.

42   (저자주) 이 책의 철학은 오늘날 거의 알려지지 않은 것이나 마찬가지인 괴테의 철학에 힘입고 있다. 또한 이에 비하면 정도가 약하기는 하지만 니체의 철학에도 힘입고 있다. 서양 형이상학에서 괴테의 위치는 여전히 조금도 이해되지 않은 상태다. 철학을 이야기할 때 괴테의 이름이 거론된 일도 없다. 불행하게도 괴테는 자신의 사상을 하나의 고정된 체계로 정리하지 않았다. 그래서 체계적인 철학이 그를 간과한 것이다. 그러나 괴테는 철학자였다. 칸트와 견주어지는 괴테의 위치는 아리스토텔레스와 견주어지는 플라톤의 위치와 같다. 플라톤을 체계화하려는 것 역시 위험한 일이다. 플라톤과 괴테는 이루어지는 것의 철학을 대표하고, 아리스토텔레스와 칸트는 이루어진 것의 철학을 대표한다. 여기에서 직관과 분석이 대립한다. 오성적으로는 거의 의미가 전달되지 않는, 거의 괴테의 근원어라고 할 수 있는 '오르포이스풍으로'와 같은 말은 괴테의 어구나 "Wenn in Unendlichen", "Sagt es niemand"와 같은 그의 시구 속에 있다. 이러한 것들은 완전히 형이상학적인 이론으로 간주해야 한다. 다음의 말에서 나는 한마디도 바꾸지 않을 것이다. "신성神性은 살아 있는 것 속에서 활동하고 죽은 것 속에서는 활동하지 않는다. 신성은 이루어진 것과 고정된 것 속에는 없다. 따라서 이성은 이루어지는 것과 살아 있는 것을 통해 신성을 추구하는 것과 관계가 있고, 오성은 단지 이루어진 것과 고정된 것을 추구하는 것과 관계가 있다"(에커만에게). 이 구절은 나의 철학 체계를 포함하고 있다.

43   히틀러는 그의 저서 《나의 투쟁 *Mein Kampf*》에서 인류는 세 종류, 즉 문화의 창시자, 문화의 운반자, 문화의 파괴자로 나눌 수 있다고 선언했다. 히틀러는 아리안족, 그중에서도 독일인이 예술, 과학, 기술

등에서 인류의 위대한 작품을 창조해왔고, 일본인들은 문화의 운반자이며 유대인들은 문화의 파괴자라고 주장했다.

44 임희완, 〈슈펭글러의 역사철학 : 서양의 몰락〉, 《20세기의 역사철학자들—토인비에서 월러스타인까지》(건국대출판부, 2003), 111쪽.

45 Manfred Shröter, *Der Streit um Spengler : Kritik seiner Kritiker* (München, 1922), 7쪽. 노명식, 〈슈펭글러의 사관〉, 《현대역사사상》(정우사, 1978), 54쪽도 참조하라.

46 원래 모로코는 1880년 마드리드 조약에 의해 독립을 인정받았으나 20세기에 이르자 프랑스가 두드러진 침략 야욕을 보였다. 1880년 마드리드 조약에서는 모로코에 대한 경제적 특권을 모든 대표국들이 동등하게 공유한다고 규정했으나 프랑스는 이에 만족하지 않고 모로코를 독점하기를 원했다. 프랑스는 1904년에 영국과 협정을 맺고 모로코의 술탄 지역에 새 질서를 세우려고 했다. 이 때문에 모로코는 분할되었고 지브롤터 반대편의 작은 부분은 스페인에, 나머지 부분은 프랑스에 넘겨졌다. 독일은 1905년에 이 마드리드 조약의 속임수를 눈치 채고 프랑스로 하여금 모로코에 대한 권리를 포기하든지 아니면 모로코를 차지한 것에 대한 보상금을 독일에게 지불하든지 둘 중 하나를 택하라고 요구했다. 그렇지만 결과적으로 프랑스가 승리를 거두었다. 이어서 독일이 모로코에 대한 권리를 주장하여 모로코 2차 위기(1908)와 3차 위기(1911)가 야기되었다. 결국 1911년에 프랑스가 독일에게 프랑스령 콩고 일부를 양도함으로써 이 위기가 타결되었다.

47 1878년에 조인된 베를린 조약은 서유럽 세력을 위협하기 위한 수단으로 체결되었고 독일이 국제연맹에 가입하자 러시아는 더욱 불안해했다. 이 조약은 영국, 프랑스, 러시아의 3국 협상과 대립하며 사라예보 사건이 1차 세계대전으로 확대되는 원인이 되었다. 3국

동맹의 성립은 프로이센-프랑스 전쟁(1870~1871)에 승리한 독일의 비스마르크가 프랑스의 보복을 우려하여, 고립시키는 정책을 취하려 한 데서 유래한다. 비스마르크는 프랑스가 러시아에 접근하는 것을 경계해 1873년에 러시아, 오스트리아와 함께 3제 동맹을 체결했다. 그러나 이 동맹은 발칸을 둘러싼 러시아와 오스트리아의 대립으로 말미암아 그 효과가 의문시되었다. 게다가 러시아-터키 전쟁(1877~1978) 종결의 산스테파노 조약을 수정하는 베를린 조약이 베를린 회의에서 성립되었지만 이 조약에 불만을 품은 러시아와 독일의 관계도 악화되어 이 동맹은 사실상 깨지게 된다. 그래서 비스마르크는 영국, 프랑스가 이집트, 튀니지의 권익을 상호 승인하는 협정을 맺자 이것을 지지했는데, 프랑스가 북아프리카에 관심을 가지면 그만큼 유럽에서 프랑스와의 긴장을 회피할 수 있다고 보았기 때문이다.

48   1차 세계대전의 전후 처리를 위해 연합국과 관련국, 그리고 독일 사이에 체결된 평화 협정이다. 1919년 6월 28일 파리 근교 베르사유 궁전의 '거울의 방'에서 조인되었으며 1920년 1월 10일에 효력을 발휘하기 시작했다. 1918년 10월 전쟁이 막바지에 이르자 독일은 연합국 측에 휴전 협상을 요구하면서 미국의 윌슨 대통령이 평화의 원칙으로 내세운 '14개 조항'을 받아들일 용의가 있다고 선언했다. 그러나 연합국의 대표들은 육상·해상·공중 공격으로 민간인들이 입은 피해에 대한 총체적인 보상을 요구했으며 지역별 위임 통치에 관한 9개 조항 또한 대전 말기에 영국, 프랑스, 이탈리아와 그리스, 루마니아 혹은 상호간에 체결한 비밀 조약과는 상충되는 면이 적지 않았다. 조약은 1919년 봄에 파리 평화 회의에서 초안이 작성되었다.

49   강대석,《새로운 역사철학》(한길사, 1991), 192쪽.

50 오스발트 슈펭글러, 《인간과 기술》, 양우석 옮김(서광사, 1998), 80쪽.

51 정항희, 《서양역사철학사상론》(법경출판사, 1990), 548쪽.

52 임희완, 〈슈펭글러의 역사철학 : 서양의 몰락〉, 《20세기의 역사철학
    자들—토인비에서 월러스타인까지》, 116쪽.

53 이 절은 〈슈펭글러의 문화유기체론—괴테와 니체의 문화 영향사를
    중심으로〉, 《니체연구》(2008 봄), 67~94쪽에 실린 내용을 대폭 수
    정, 보완했다.

54 요하네스 피셜, 《생철학》, 백승균 엮고 옮김(서광사, 1986), 38~39쪽.

55 Oswald Spengler, *Der Untergang des Abendlandes, I—Umrisse einer
    Morphoologie der Weltgeschichte*(München, 1923), 78쪽.

56 프랑스 백과전서파들은 인간을 중세의 암흑으로부터 밝은 문명의
    세계로 이끌어갈 원동력을 제공했으며 프랑스 혁명의 사상직 기초
    를 마련했다.

57 Oswald Spengler, *Der Untergang des Abendlandes, I—Umrisse einer
    Morphoologie der Weltgeschichte*, 99~100쪽.

58 Oswald Spengler, *Der Untergang des Abendlandes, I—Umrisse einer
    Morphoologie der Weltgeschichte*, 77쪽.

59 Henry Stuart Hughes, *Oswald Spengler*(New Brunswick, 1992), 104~
    105쪽.

60 그레이스 E. 케언즈, 〈오스왈드 슈펭글러의 문화순환론〉, 《동양과
    서양의 만남》, 이성기 옮김(평단문화사, 1976), 338~341쪽.

61 R. G. 콜링우드, 《서양사학사》, 김봉호 옮김(탐구당, 1976), 277~
    279쪽.

62 푸가란 소나타sonata나 카논canon 같은 하나의 음악 형식이다. 영어
    로는 fugue, 독일어로는 fuga라고 쓴다. 푸가는 모방과 관련된 음악
    형식인데 돌림노래나 카논처럼 다른 성부가 뒤따라오며 그 성부를

모방하면서 곡을 전개해나가는 것이다. 푸가는 바흐Johann Sebastian Bach 음악에서 한층 더 묘미를 느낄 수 있다.

63 교의학이란 신학에 철학 내지 인간학적인 기초를 부여하려는 경향이 남아 있음을 인정해 이것을 완전히 청산하기 위한 신학이다. 프로테스탄트 신학에서는 18세기 이후, 자유주의 신학의 진출과 더불어 교의학 자체가 해체되려는 징조가 짙었다. 특히 신학자 슐라이어마허Friedrich Daniel Ernst Schleiermacher 이후의 교의학은 신앙론에 길을 양보하는 듯 보였으나 20세기의 신학자 카를 바르트Karl Barth 는 이러한 동향을 뒤엎었다. 그래서 다시 교의학의 길을 열고 그 웅대한 교의학 체계를 전개하기에 이르렀다. 이것은 기독교 신학 사상의 위대한 업적이었다. 바르트는 그 때문에 근대 자유주의 신학을 근본적으로 비판했다. 바르트의 영향은 현재 전 유럽의 프로테스탄트 신학계를 압도하고 있다. 또한 바르트는 미국 개혁파 장로교회에 커다란 신학적 영향을 끼쳤으며 가톨릭권에서도 큰 반향을 불러일으켰다.

64 성서에 쓰인 마돈나라는 말은 성모 마리아를 마돈나라고 부른 데서 유래했다. 라틴어로 마돈나는 영어로My lady라는 의미를 지닌다. 슈펭글러에게 있어서 마돈나 이상이란 성모 마리아의 이상형을 일컫는 것으로 보인다.

65 Oswald Spengler, *Der Untergang des Abendlandes*, *I—Umrisse einer Morphoologie der Weltgeschichte*, 235쪽.

66 임희완, 〈슈펭글러의 역사철학 : 서양의 몰락〉,《20세기의 역사철학자들―토인비에서 월러스타인까지》, 117~123쪽 ; 정항희,《서양 역사철학사상론》, 552~553쪽.

67 양해림, 〈예술, 과학 그리고 창의성〉,《21세기 한국사회와 철학》(철학과현실사, 2008), 227~229쪽 참조.

68 코페르니쿠스는 태양과 별이 지구를 중심으로 움직이고 있는 것이 아니라 사실 지구도 그 주위를 돌고 있다는 우주관을 내세웠다. 그는 1543년 《천구의 회전에 관하여*De Revolutionilous orbium coelestium*》에서 지구와 태양의 위치를 바꿈으로써 지구가 더 이상 우주의 중심이 아니라고 천명했다. 이러한 생각은 프톨레마이오스의 우주관에 정면 도전하는 것이었다. 지금까지 지구가 우주이고 인간은 그 위에 사는 존엄한 존재이며 달 위의 천상계는 신의 영역이라 생각했던 중세의 우주관을 붕괴시켰다.

69 신플라톤주의는 플라톤의 전통에 입각하여 2~6세기에 유럽에서 흥성했던 그리스 철학의 일파를 가리킨다. 신플라톤주의는 오리게네스, 니사의 그레고리우스, 아우구스티누스 등의 고대 그리스 교부Kirchenvater와 라틴 교부들, 중세의 아랍 철학과 유대 철학에 많은 영향을 끼쳤다. 신플라톤주의는 그 역사의 영향력이 크다는 사실 이외에도 인간 존재를 형이상학적으로 고찰하고, 모든 존재의 궁극적인 근거와 목표를 근원적으로 물으며, 인간의 현실성과 모든 현상 세계 일반을 근거에서부터 파악한다는 특징을 갖는다. 신플라톤주의 학파 및 신플라톤주의의 철학 체계는 플로티노스Plotinos의 유출설 사상에 의존하고 있다.

70 임희완, 〈슈펭글러의 역사철학 : 서양의 몰락〉, 《20세기의 역사철학자들 ― 토인비에서 월러스타인까지》, 120쪽.

71 Oswald Spengler, *Der Untergang des Abendlandes, I—Umrisse einer Morphoologie der Weltgeschichte*, 235쪽.

72 임희완, 〈슈펭글러의 역사철학 : 서양의 몰락〉, 《20세기의 역사철학자들 ― 토인비에서 월러스타인까지》, 122~123쪽.

73 그리스인들의 역사적 관심은 기원전 700년경 헤시오도스로 대표되는 이른바 계보 시인들에서부터 시작된다. 이들은 신화나 호메로

스의 서사시 같은 신들의 계보를 체계화했다. 그리고 신과 인간 사이의 혼인과 그 후손들의 계보를 연대기식으로 정리하면서 그들의 선조를 신들의 후손으로 보고 많은 자부심을 갖고 있었다. 당시 이오니아 지방에는 많은 그리스인들이 살고 있었는데 지리적으로 동방의 오랜 문명국인 이집트, 바빌로니아, 페르시아 등과 인접해 있었기에 자연스럽게 문화를 교류했다. 기원전 6세기 말 페르시아 제국은 에게 해 지역으로 확장하여 이오니아를 병합했다. 그리스인들 사이에 그들이 복속되어 있는 거대한 토지는 흥미와 호기심을 유발시켰다. 궁극적으로 동방의 지리와 역사에 대한 그리스인들의 관심은 그들의 역사를 탄생시키는 데 중요한 영향을 미쳤다.

74 안건훈, 〈슈펭글러 · 토인비의 문명사관〉,《역사와 역사관》(서광사, 2007), 167쪽.

75 안건훈, 〈슈펭글러 · 토인비의 문명사관〉,《역사와 역사관》, 165쪽.

76 요한네스 힐쉬베르거,《서양철학사》, 강성위 옮김(이문출판사, 2002), 830쪽.

77 Oswald Spengler, *Der Untergang des Abendlandes*, I—*Umrisse einer Morphoologie der Weltgeschichte*, IX쪽

78 Henry Stuart Hughes, *Oswald Spengler*, 59~64쪽.

79 프리드리히 니체,《선악의 저편 · 도덕의 계보》, 김정현 옮김(책세상, 2002), 387쪽.

80 임희완, 〈슈펭글러의 역사철학 : 서양의 몰락〉,《20세기의 역사철학자들—토인비에서 월러스타인까지》, 115쪽.

81 Oswald Spengler, *Der Untergang des Abendlandes*, I—*Umrisse einer Morphoologie der Weltgeschichte*, 446쪽.

82 Oswald Spengler, *Der Mensch und die Technik*, 615쪽.

83 Oswald Spengler, *Der Untergang des Abendlandes*, I—*Umrisse einer*

Morphoologie der Weltgeschichte, 29쪽.

84 Oswald Spengler, *Der Untergang des Abendlandes, I―Umrisse einer Morphoologie der Weltgeschichte*, 129쪽.

85 그레이스 E. 케언즈, 〈오스왈드 슈펭글러의 문화순환론〉, 《동양과 서양의 만남》, 341쪽.

86 강대석, 〈슈펭글러〉, 《새로운 역사철학》(한길사, 1991), 195쪽.

87 Oswald Spengler, *Der Mensch und die Technik*(Berlin : München, 1932), 15쪽.

88 Oswald Spengler, *Der Untergang des Abendlandes, I―Umrisse einer Morphoologie der Weltgeschichte*, 406쪽.

89 노명식, 〈슈펭글러의 사관〉, 《현대역사사상》, 68~69쪽.

90 Oswald Spengler, *Der Untergang des Abendlandes, I―Umrisse einer Morphoologie der Weltgeschichte*, 40쪽.

91 Pitirim Alexandrovich Sorokin, *Social Philosophies of an Age of Crisis*(Beacon Press, 1950), 321~322쪽.

92 토머스 휴즈, 《테크놀로지, 창조와 욕망의 역사》, 김정미 옮김(플래 닛미디어, 2008), 86~87쪽.

더 읽어야 할 자료들

강대석, 《새로운 역사철학》(한길사, 1991)

올바른 역사철학을 정립하고자 두 가지 전제 아래 출발하는 이 책은 역사를 가능한 한 객관적으로 이해하고 올바른 세계관을 갖고자 한다. 이 책은 고대 그리스, 중세, 근세 계몽주의, 공상적 사회주의, 마르크스주의, 역사주의, 생철학과 역사주의, 실존주의, 실용주의의 역사관 등을 살피고 그다지 잘 알려지지 않은 비코, 헤르더, 푸리에, 헤겔, 피스크 등의 역사 이론을 소개하면서 우리가 습득해야 할 역사철학의 과제를 제시해준다. 저자는 특별히 슈펭글러를 생철학과 역사주의 철학자로 분류하여 니체의 운명애運命愛적 영향 관계를 자세히 밝혀준다.

그레이스 E. 케언즈, 《동양과 서양의 만남》, 이성기 옮김(평단문화사, 1987)

이 책은 동서양 사상에서 역사를 순환적인 형태로 파악하는 접근법들을 소개하면서 크게 세 조류로 나누어 설명한다. 첫째로 영원히 되풀이되는 우주적 순환에 대한 여러 이론들, 둘째로 우주적인 또는 인간적인 역사에 대한 대일환론大一環論, 셋째로 형태에 있어서 반복하거나 반복될 수 있는 문화순환론이 그렇다. 슈펭글러의 문화순환론은 세 번째 범주에 속하는데 저자에 따르면 슈펭글러는 문화를 하나의 유기체로 본 사상가다. 슈펭글러가 개개의 소우주적 문화들은 출생, 성장, 쇠퇴, 몰락의 과정을 겪는 대우주의 일부로서 자연스럽게 동일한 과정을 따르며, 따라서 역사란 대문화유기체들의 발전 그 외의 어떤 다른 목적을 가지지 않는다고 주장했기 때문이다.

노명식, 《현대역사사상》(정우사, 1978)

이 책은 현대 역사철학의 주류는 역사 연구 방법에 대한 인식론적 문제와 세계사의 발전 과정에 대한 해석 및 의미를 추구한다고 분석하면서 슈펭글러가 19세기 역사 이론의 성립 기반인 서구 중심의 역사관에 근본적으로 도전하고 있다고 평가한다. 또 슈펭글러가 역사학에서 차지하는 위상은 니체가 철학에서 차지하는 위상과 같다고 덧붙이면서 토인비의 기념비적인 저작 《역사의 연구》의 집필 계기가 슈펭글러와의 만남에 있다는 점을 상세히 밝힌다.

박성수, 《새로운 역사학 ─ 역사는 진실인가》(삼영사, 2005)

이제까지의 역사관을 새로 정립하고자 쓰인 이 책은 제1장 역사와 인간, 제2장 근대 서유럽 역사학의 발전 과정, 제3장 새로운 역사학의 여러 분야들, 제4장 역사 연구의 방법론, 제5장 역사관의 여러 유형들, 제6장 역사의 인식 구조로 구성되어 있다. 제5장에서는 슈펭글러의 순환론적 역사관을 고찰하면서, 그가 지금까지 잘 다루어지지 않은 러시아 역사가 다닐렙스키의 순환사관에 상당한 영향을 받았으면서도 그것을 솔직하게 밝히지 못한 점을 비판한다. 특히 이 책은 슈펭글러의 생물학적 문화관과 문화 발전의 사계절론을 상세히 다룬다.

안건훈, 《역사와 역사관》(서광사, 2007)

이제껏 역사가 무엇인지에 대해 탐구해온 학자들의 사상을 정리한 이 책은 크게 3부로 이루어져 있는데 제1부에서는 역사와 역사 서술 간의 관계, 제2부에서는 시대별로 본 역사관, 제3부에서는 동서고금의 대표적인 철학자들의 역사관에 대해 논한다. 공자, 동중서, 사마천, 비코, 헤르더, 칸트, 헤겔, 마르크스, 랑케, 슈펭글러, 토인비 등 동서양의 내로라하는 사상가들의 면모를 살펴볼 수 있는 이 책은 특히 슈펭글러와 토인비의 문명사관을 비교하여 문화유기체론 및 보편적 상징주의를 고찰하고 있다.

요하네스 피셜, 《생철학》, 백승균 엮고 옮김(서광사, 1986)

오스트리아 그라즈 대학 철학 교수로서 방대한 《서양철학사》(전5권)를 저술한 피셜은 생철학의 관점, 즉 관념주의적 생철학이라는 표제 아래 독일, 프랑스, 이탈리아, 러시아의 사례를 소개하며 진화의 이론, 진화론, 가치 전도의 철학, 관념주의적 생철학의 개요를 기술한다. 그에 의하면 슈펭글러는 가치 전도의 생철학자에 해당된다.

원승룡, 《문화이론과 문화철학》(서광사, 2007)

이 책은 크게 4부로 나뉘어 있는데 제1부에서는 문화 개념의 이해, 제2부에서는 주요 문화 이론, 제3부에서는 대중문화의 철학, 제4부에서는 학제적 문화 연구로서의 문화학에 대해 논한다. 제2부에서는 반성적 문화 철학에 대해 살피는데 문화과학의 정 자인 카시러와 문화와 역사의 관계를 살핀 슈펭글러가 논의된다.

임희완, 《20세기의 역사철학자들》(건국대학교출판부, 2003)

역사철학의 기초 이론과 실제 사상가들을 조명하는 이 책은 세 부분으로 이루어져 있다. 제1부에서는 역사철학의 의미와 발달 과정, 분류를 비롯하여 근대 역사철학의 원류라 할 수 있는 헤겔의 역사철학이 소개되며 오늘날의 비판적 역사철학의 내용과 문제점을 분석한다. 제2부에서는 20세기 역사철학의 특성을 비롯하여 다닐레프스키, 슈펭글러, 토인비, 니부어, 후쿠야마, 헌팅턴, 뮐러 등의 역사철학과 그들을 다룬 학자들의 논의를 소개한다. 슈펭글러에 대해서는 괴테와 니체, 문화유기체론, 보편적 상징주의 등의 키워드를 통해 비교적 상세히 다룬다. 또한 토인비와 슈펭글러의 역사철학도 비교한다. 제3부에서는 역사철학과 현대 문명 사회의 특성을 비롯하여 미래학을 설명하는데 앨빈 토플러, 월러스틴, 버먼 등의 역사철학과 학자들의 논의를 소개한다.

정항희 엮고 씀, 《서양역사철학사상론》(법경출판사, 1989)

서양사 전공자들에 맞게 쓰인 이 책은 고대부터 현대에 이르기까지 사상 체계를 일목요연하게 정리했다. 특히 역사 정신론에 집중하여 조명하는데 각 시대는 시대마다의 정신을 가지고 있고 인간은 이 시대정신 속에서 그들의 역사를 형성한다고 말한다. 이러한 인식하에 이 책은 슈펭글러의 사상을 비교적 자세히 소개하면서 생애와 《서구의 몰락》 집필동기를 포함하여 슈펭글러의 코페르니쿠스적 역사관, 생물학적 문명관을 살피고 슈펭글러가 주장한 문화 발전의 단계, 세계도시 등을 고찰한다.

양해림 haerim01@cnu.ac.kr

1960년 강원도 춘천에서 태어났다. 강원대학교 철학과와 같은 학교 대학원을 졸업했고, 독일 베를린의 훔볼트 대학교에서 〈빌헬름 딜타이의 사회철학 : 개인과 사회의 관계〉라는 논문으로 철학 박사 학위를 받았다. 한림대학교 인문학연구소에서 학술연구 조교수를 거친 후 현재 충남대학교 인문대학 철학과에서 학생들을 가르치고 있다.

대학 시절, 독일 유학 시절, 그리고 현재에 이르기까지 해석학, 사회철학, 과학 기술의 문제들에 깊은 관심을 가지면서 사회철학, 과학 기술, 생명 윤리, 환경 문제, 미학 등 다양한 영역에 걸쳐 글을 써왔다. 《21세기 한국사회와 철학》, 《에코·바이오테크 시대의 책임 윤리 : 과학 기술의 진보와 이성》, 《현대 해석학 강의》, 《현상학과의 대화》, 《행복이라 부르는 것들의 의미 : 행복의 철학적 성찰》 등을 썼고, 〈인권과 민주주의 : 하버마스의 《사실성과 타당성》을 중심으로〉, 〈노동자의 비정규직화와 사회 양극화, 어떻게 해결할 것인가?〉, 〈한국 사회에서 공화주의의 이념은 부활할 수 있는가?〉, 〈문화다원주의 시대는 보편적 정치윤리를 요구하는가〉 등의 논문을 발표했다.

우리 사회와 철학이 지니는 긴밀성을 모색하다 독자적으로 철학하는 방법에 대해 고민하면서 '민주화를 위한 전국교수협의회(민교협)' 중앙위 집행부 정책위원 및 상임정책위원장을 몇 년간 맡아 활동하기도 했다. 우리 사회가 당면한 현실적 문제에 대한 정규 집행부 회의와 안건 토론, 심포지엄, 그리고 현장 참여 등은 학문적 고민에 작은 밀알이 되어주고 있다.

서구의 몰락

초판 1쇄 펴낸날 | 2008년 11월 15일
개정 1판 1쇄 펴낸날 | 2019년 10월 30일

지은이 | 오스발트 A. G. 슈펭글러
옮긴이 | 양해림
펴낸이 | 김현태
펴낸곳 | 책세상

서울시 마포구 잔다리로 62-1, 3층(우편번호 04031)
전화 | 02-704-1251(영업부) 02-3273-1333(편집부)
팩스 | 02-719-1258
이메일 | bkworld11@gmail.com
광고제휴 문의 | bkworldpub@naver.com

홈페이지 | chaeksesang.com 페이스북 | /chaeksesang
트위터 | @chaeksesang 인스타그램 | @chaeksesang 네이버포스트 | bkworldpub

등록 1975. 5. 21 제1-517호

ISBN 979-11-5931-386-8 04160
         979-11-5931-221-2 (세트)

• 이 도서의 국립중앙도서관 출판시도서목록(CIP)은 서지정보유통지원시스템 홈페이지
(http://seoji.nl.go.kr)와 국가자료공동목록시스템(http://www.nl.go.kr/kolisnet)에서
이용하실 수 있습니다.(CIP제어번호 : CIP2019040587)

책세상문고·고전의 세계

- **민족이란 무엇인가** 에르네스트 르낭 | 신행선
- **학자의 사명에 관한 몇 차례의 강의** 요한 G. 피히테 | 서정혁
- **인간 정신의 진보에 관한 역사적 개요** 마르퀴 드 콩도르세 | 장세룡
- **순수이성 비판 서문** 이마누엘 칸트 | 김석수
- **사회 개혁이냐 혁명이냐** 로자 룩셈부르크 | 김경미·송병헌
- **조국이 위험에 처하다 외** 앙리 브리사크·장 알만 외 | 서이자
- **혁명 시대의 역사 서문 외** 야콥 부르크하르트 | 최성철
- **논리학 서론·철학백과 서론** G. W. F. 헤겔 | 김소영
- **피렌체 찬가** 레오나르도 브루니 | 임병철
- **인문학의 구조 내에서 상징형식 개념 외** 에른스트 카시러 | 오향미
- **인류의 역사철학에 대한 이념** J. G. 헤르더 | 강성호
- **조형예술과 자연의 관계** F. W. J. 셸링 | 심철민
- **사회주의란 무엇인가 외** 에두아르트 베른슈타인 | 송병헌
- **행정의 공개성과 정치 지도자 선출 외** 막스 베버 | 이남석
- **전 세계적 자본주의인가 지역적 계획경제인가 외** 칼 폴라니 | 홍기빈
- **순자** 순황 | 장현근
- **언어 기원에 관한 시론** 장 자크 루소 | 주경복·고봉만
- **신학-정치론** 베네딕투스 데 스피노자 | 김호경
- **성무애락론** 혜강 | 한흥섭
- **맹자** 맹가 | 안외순
- **공산당선언** 카를 마르크스·프리드리히 엥겔스 | 이진우
- **도덕 형이상학을 위한 기초 놓기** 이마누엘 칸트 | 이원봉
- **정몽** 장재 | 장윤수
- **체험·표현·이해** 빌헬름 딜타이 | 이한우
- **경험으로서의 예술** 존 듀이 | 이재언
- **인설** 주희 | 임헌규
- **인간 불평등 기원론** 장 자크 루소 | 주경복·고봉만
- **기적에 관하여** 데이비드 흄 | 이태하
- **논어** 공자의 문도들 엮음 | 조광수
- **행성궤도론** G. W. F. 헤겔 | 박병기
- **성세위언—난세를 향한 고언** 정관잉 | 이화승
- **에밀** 장 자크 루소 | 박호성
- **제3신분이란 무엇인가** E. J. 시에예스 | 박인수

책세상문고 · 고전의 세계

- **대중 문학론** 안토니오 그람시 | 박상진
- **문화과학과 자연과학** 하인리히 리케르트 | 이상엽
- **황제내경** 황제 | 이창일
- **과진론 · 치안책** 가의 | 허부문
- **도덕의 기초에 관하여** 아르투어 쇼펜하우어 | 김미영
- **남부 문제에 대한 몇 가지 주제들 외** 안토니오 그람시 | 김종법
- **나의 개인주의 외** 나쓰메 소세키 | 김정훈
- **교수취임 연설문** G. W. F. 헤겔 | 서정혁
- **음악적 아름다움에 대하여** 에두아르트 한슬리크 | 이미경
- **자유론** 존 스튜어트 밀 | 서병훈
- **문사통의** 장학성 | 임형석
- **국가론** 장 보댕 | 임승휘
- **간접적인 언어와 침묵의 목소리** 모리스 메를로 퐁티 | 김화자
- **나는 고발한다** 에밀 졸라 | 유기환
- **아름다움과 숭고함의 감정에 관한 고찰** 이마누엘 칸트 | 이재준
- **결정적 논고** 아베로에스 | 이재경
- **동호문답** 이이 | 안외순
- **판단력 비판** 이마누엘 칸트 | 김상현
- **노자** 노자 | 임헌규
- **다수 문명에 대한 사유 외** 로버트 콕스 | 홍기빈
- **여성의 종속** 존 스튜어트 밀 | 서병훈
- **법학을 위한 투쟁** 헤르만 칸토로비츠 | 윤철홍
- **개인숭배와 그 결과들에 대하여** 니키타 세르게예비치 흐루시초프 | 박상철
- **법의 정신** 샤를 루이 드 스콩다 몽테스키외 | 고봉만
- **에티카** 베네딕투스 데 스피노자 | 조현진
- **실험소설 외** 에밀 졸라 | 유기환
- **권리를 위한 투쟁** 루돌프 폰 예링 | 윤철홍
- **사랑이 넘치는 신세계 외** 샤를 푸리에 | 변기찬
- **공리주의** 존 스튜어트 밀 | 서병훈
- **예기 · 악기** 작자 미상 | 한흥섭
- **파놉티콘** 제러미 벤담 | 신건수
- **가족, 사적 소유, 국가의 기원** 프리드리히 엥겔스 | 김경미
- **모나드론 외** G. W. 라이프니츠 | 배선복